DOLORES

Dictado por el Espíritu

CONDE J. W. ROCHESTER

Psicografía de

VERA KRYZHANOVSKAIA

Traducción al Español:

J.Thomas Saldias, MSc.

Trujillo, Perú, Septiembre 2021

World Spiritist Institute

Houston, Texas, USA
E–mail: contact@worldspiritistinstitute.org

De la Médium

Vera Ivanovna Kryzhanovskaia, (Varsovia, 14 de julio de 1861 – Tallin, 29 de diciembre de 1924), fue una médium psicógrafa rusa. Entre 1885 y 1917 psicografió un centenar de novelas y cuentos firmados por el espíritu de Rochester, que algunos creen que es John Wilmot, segundo Conde de Rochester. Entre los más conocidos se encuentran "El faraón Mernephtah" y "El Canciller de Hierro."

Además de las novelas históricas, en paralelo la médium psicografió obras con temas "ocultismo–cosmológico." E. V. Kharitonov, en su ensayo de investigación, la consideró la primera mujer representante de la literatura de ciencia ficción. En medio de la moda del ocultismo y esoterismo, con los recientes descubrimientos científicos y las experiencias psíquicas de los círculos espiritistas europeos, atrajo a lectores de la alta sociedad de la "Edad de Plata" rusa y de la clase media en periódicos y prensa. Aunque comenzó siguiendo la línea espiritualista, organizando sesiones en San Petersburgo, más tarde gravitó hacia las doctrinas teosóficas.

Su padre murió cuando Vera tenía apenas diez años, lo que dejó a la familia en una situación difícil. En 1872 Vera fue recibida por una organización benéfica educativa para niñas nobles en San Petersburgo como becaria, la Escuela Santa

Catarina. Sin embargo, la frágil salud y las dificultades económicas de la joven le impidieron completar el curso. En 1877 fue dada de alta y completó su educación en casa.

Durante este período, el espíritu del poeta inglés JW Rochester (1647–1680), aprovechando las dotes mediúmnicas de la joven, se materializó y propuso que se dedicara en cuerpo y alma al servicio del Bien y que escribiera bajo su dirección. Luego de este contacto con la persona que se convirtió en su guía espiritual, Vera se curó de tuberculosis crónica, una enfermedad grave en ese momento, sin interferencia médica.

Vera Ivanovna comenzó a psicografiar a los 18 años. Según V.V. Scriabin, sucedió algo "sobrenatural" cuando escribió: "A menudo, en medio de una conversación, de repente se quedaba en silencio, se ponía pálida y se pasaba la mano por la cara, empezaba a repetir la misma frase: ¡Dame un lápiz y papel, rápido! Por lo general, en este momento, Vera se sentaba en un sillón en una mesa pequeña, donde casi siempre había un lápiz y una libreta de papel. De repente, comenzó a escribir sin mirar el papel. Era una verdadera escritura automática. (...) Este estado de trance duró de 20 a 30 minutos, después de los cuales Vera Ivanovna generalmente se desmayó. (...) Las transmisiones escritas siempre terminaban con la misma palabra: Rochester. Según Vera, ese era el nombre (o más bien, el apellido) del Espíritu que recibió." (V.V. Scriabin. Recuerdos. Ver # 65 de la bibliografía, p. 24–25).

Un testimonio similar se puede encontrar en las "Notas literarias" de M. Spassovsky: *"En el estado inconsciente, ella siempre escribe en francés... Sus escritos son traducidos al ruso y escritos juiciosamente por la propia autora o por una persona de su confianza."* (M. Spassovsky. Notas literarias –. "Veshnie Vody", 1916, volumen 7–8, p. 145).

En 1880, en un viaje a Francia, participó con éxito en una sesión mediúmnica. En ese momento, sus contemporáneos se sorprendieron por su productividad, a pesar de su mala salud. En sus sesiones de Espiritismo se reunieron en ese momento famosos médiums europeos, así como el príncipe Nicolás, el futuro Zar Nicolás II de Rusia.

En 1886, en París, se hizo pública su primera obra, la novela histórica "Episodio de la vida de Tiberio", publicada en francés, (así como sus primeras obras), en la que ya se notaba la tendencia por los temas místicos. Se cree que la médium fue influenciada por la Doctrina Espírita de Allan Kardec, la Teosofía de Helena Blavatsky y el Ocultismo de Papus.

Durante este período de residencia temporal en París, Vera psicografió una serie de novelas históricas, como "El faraón Mernephtah", "La abadía de los benedictinos", "El romance de una reina", "El canciller de hierro del Antiguo Egipto", "Herculanum", "La Señal de la Victoria", "La Noche de San Bartolomé", entre otros, que llamaron la atención del público no solo por los temas cautivadores, sino por las tramas apasionantes. Por la novela "El canciller de hierro del Antiguo Egipto", la Academia de Ciencias de Francia le otorgó el título de "Oficial de la Academia Francesa" y, en 1907, la Academia de Ciencias de Rusia le otorgó la "Mención de Honor" por la novela "Luminarias checas."

Del Autor Espiritual

John Wilmot Rochester nació en 1ro. o el 10 de abril de 1647 (no hay registro de la fecha exacta). Hijo de Henry Wilmot y Anne (viuda de Sir Francis Henry Lee), Rochester se parecía a su padre, en físico y temperamento, dominante y orgulloso. Henry Wilmot había recibido el título de Conde debido a sus esfuerzos por recaudar dinero en Alemania para ayudar al rey Carlos I a recuperar el trono después que se vio obligado a abandonar Inglaterra.

Cuando murió su padre, Rochester tenía 11 años y heredó el título de Conde, poca herencia y honores.

El joven J.W. Rochester creció en Ditchley entre borracheras, intrigas teatrales, amistades artificiales con poetas profesionales, lujuria, burdeles en Whetstone Park y la amistad del rey, a quien despreciaba.

Tenía una vasta cultura, para la época: dominaba el latín y el griego, conocía los clásicos, el francés y el italiano, fue autor de poesía satírica, muy apreciada en su época.

En 1661, a la edad de 14 años, abandonó Wadham College, Oxford, con el título de Master of Arts. Luego partió hacia el continente (Francia e Italia) y se convirtió en una figura interesante: alto, delgado, atractivo, inteligente, encantador, brillante, sutil, educado y modesto, características ideales para conquistar la sociedad frívola de su tiempo.

Cuando aun no tenía 20 años, en enero de 1667, se casó con Elizabeth Mallet. Diez meses después, la bebida comienza a afectar su carácter. Tuvo cuatro hijos con Elizabeth y una hija, en 1677, con la actriz Elizabeth Barry.

Viviendo las experiencias más diferentes, desde luchar contra la marina holandesa en alta mar hasta verse envuelto en crímenes de muerte, la vida de Rochester siguió caminos de locura, abusos sexuales, alcohólicos y charlatanería, en un período en el que actuó como "médico."

Cuando Rochester tenía 30 años, le escribe a un antiguo compañero de aventuras que estaba casi ciego, cojo y con pocas posibilidades de volver a ver Londres.

En rápida recuperación, Rochester regresa a Londres. Poco después, en agonía, emprendió su última aventura: llamó al cura Gilbert Burnet y le dictó sus recuerdos. En sus últimas reflexiones, Rochester reconoció haber vivido una vida malvada, cuyo final le llegó lenta y dolorosamente a causa de las enfermedades venéreas que lo dominaban.

Conde de Rochester murió el 26 de julio de 1680. En el estado de espíritu, Rochester recibió la misión de trabajar por la propagación del Espiritismo. Después de 200 años, a través de la médium Vera Kryzhanovskaia, El automatismo que la caracterizaba hacía que su mano trazara palabras con vertiginosa velocidad y total inconsciencia de ideas. Las narraciones que le fueron dictadas denotan un amplio conocimiento de la vida y costumbres ancestrales y aportan en sus detalles un sello tan local y una verdad histórica que al lector le cuesta no reconocer su autenticidad. Rochester demuestra dictar su producción histórico–literaria, testificando que la vida se despliega hasta el infinito en sus marcas indelebles de memoria espiritual, hacia la luz y el camino de Dios. Nos parece imposible que un historiador, por erudito que sea, pueda estudiar, simultáneamente y en profundidad, tiempos y medios tan diferentes como las civilizaciones asiria, egipcia, griega y romana; así como costumbres tan disímiles como las de la Francia de Luis XI a las del Renacimiento.

El tema de la obra de Rochester comienza en el Egipto faraónico, pasa por la antigüedad grecorromana y la Edad Media y continúa hasta el siglo XIX. En sus novelas, la realidad navega en una corriente fantástica, en la que lo imaginario sobrepasa los límites de la verosimilitud, haciendo de los fenómenos naturales que la tradición oral se ha cuidado de perpetuar como sobrenaturales.

El referencial de Rochester está lleno de contenido sobre costumbres, leyes, misterios ancestrales y hechos insondables de la Historia, bajo una capa novelística, donde los aspectos sociales y psicológicos pasan por el filtro sensible de su gran imaginación. La clasificación del género en Rochester se ve obstaculizada por su expansión en varias categorías: terror gótico con romance, sagas familiares, aventuras e incursiones en lo fantástico.

El número de ediciones de las obras de Rochester, repartidas por innumerables países, es tan grande que no es posible tener una idea de su magnitud, sobre todo teniendo en cuenta que, según los investigadores, muchas de estas obras son desconocidas para el gran público.

Varios amantes de las novelas de Rochester llevaron a cabo (y quizás lo hacen) búsquedas en bibliotecas de varios países, especialmente en Rusia, para localizar obras aun desconocidas. Esto se puede ver en los prefacios transcritos en varias obras. Muchas de estas obras están finalmente disponibles en Español gracias al **World Spiritist Institute**.

Del Traductor

Jesus Thomas Saldias, MSc, nació en Trujillo, Perú.

Desde los años 80's conoció la doctrina espírita gracias a su estadía en Brasil donde tuvo oportunidad de interactuar a través de médiums con el Dr. Napoleón Rodriguez Laureano, quien se convirtió en su mentor y guía espiritual.

Posteriormente se mudó al Estado de Texas, en los Estados Unidos y se graduó en la carrera de Zootecnia en la Universidad de Texas A&M. Obtuvo también su Maestría en Ciencias de Fauna Silvestre siguiendo sus estudios de Doctorado en la misma universidad.

Terminada su carrera académica, estableció la empresa *Global Specialized Consultants LLC* a través de la cual promovió el Uso Sostenible de Recursos Naturales a través de Latino América y luego fue partícipe de la formación del **World Spiritist Institute**, registrada en el Estado de Texas como una ONG sin fines de lucro con la finalidad de promover la divulgación de la doctrina espírita.

Actualmente se encuentra trabajando desde Peru en la traducción de libros de varios médiums y espíritus del portugués al español, así como conduciendo el programa "La Hora de los Espíritus."

ÍNDICE

Prefacio

¡Hay ciertas tramas hábilmente colocadas en nuestras vidas por la Divina Providencia, en una oportunidad inteligente para redimir deudas pasadas, que son dignas de una telenovela! Frutos de la Ley que nos impulsa al progreso espiritual, las razones de estas situaciones insólitas, ensombrecidas por la vestimenta carnal, son siempre cuestionadas por nosotros, resultando en una exigencia ineludible de la Justicia Divina.

Así se siente Dolores, protagonista de este nuevo trabajo de Rochester, ahora presentado al público. Nuestra bella heroína, la hija menor de la aristocrática familia de Mornos, es una altiva joven con un futuro prometedor, que, tras infructuosos intentos de liberar a su familia de la bancarrota económica, a través del matrimonio, se ve obligada a renunciar a su gran amor, Alfonso., a favor de una unión no deseada que solo interesaba a los miembros de su familia.

La historia transcurre en España y Cuba a finales del siglo XVIII en tiempos de explotación de la mano de obra esclava, donde prevalece el desprecio por la raza negra, tratado con azotes por los dueños de las plantaciones. Este racismo le costó caro a la familia de Mornos: las leyes de Acción y Reacción le dieron al mulato José, hijo ilegítimo y heredero de Don Fernando, tío de Dolores, la oportunidad de vengarse del pesado prejuicio al que había sido sometido.

Sin embargo, en un sacrificio voluntario, Dolores acepta soportar las nuevas pruebas que le impone la vida. A partir de entonces, rebelión y resignación, desesperación y tolerancia, odio y amistad son los sentimientos que se turnan en el corazón de la hermosa niña, presentándonos hermosas lecciones de amor y justicia que contrastan con las armadillas y la bajeza de su hermano, don Ramiro, intolerante, vengativo, orgulloso, racista y uno de los máximos responsables de la suerte de Dolores.

La Doctrina Espírita nos ilumina sabiamente sobre el origen de todos estos males, derivados de nuestros propios actos. Así, los fatídicos encuentros entre "José" y "Dolores", de vida en vida, son frecuentemente programados por la espiritualidad. ¡Y qué luchas íntimas tendrán que enfrentar estos espíritus para unirse a través de los lazos del afecto...!

Sabemos que muchos de los libros de Rochester son secuencias de vidas pasadas que narran, a través de dramas profanos, las historias de un grupo de personajes que acompañaron al autor durante varios viajes de vivencias encarnacionales y de quienes se hizo tutor en un importante compromiso asumido con la espiritualidad.

La obra "Dolores", según el prefacio francés de "La venganza del judío", se incluiría en este contexto y retrataría la última encarnación de Rochester, reuniendo a esos mismos personajes que preservaron constantemente sus instintos y atributos personales, ahora en alza. en la escala evolutiva, ahora permaneciendo estacionarios, a través de las caídas probatorias a las que fueron sometidos.

Desafortunadamente, esta nueva obra de Rochester, publicada originalmente en Riga, Letonia, años después de la muerte de la médium Vera Kryzhanovskaia, fue reproducida sin un prefacio ni notas al pie que nos permitan identificar los personajes conocidos de libros anteriores. Sin embargo, es posible intentar identificarlos analizando los perfiles y comportamientos personales, inherentes a la personalidad de cada ser encarnado.

Tomando a Rochester como ejemplo, podemos ver claramente su orgullo e impetuosidad en el personaje de José, de "El Canciller de Hierro del Antiguo Egipto", o en Mernephtah, de "El Faraón Mernephtah", características comunes de los antiguos soberanos. Como el gladiador Astartos, de la obra "Episodio de la vida de Tiberius", y como el patricio Cayo Lucilio, de "Herculanum", en la Roma imperial, la vanidad y el orgullo que sentía por su belleza y por sus logros personales, habiendo incluso convertido y luego se retractó de la doctrina cristiana. Inteligencia, perspicacia, espíritu de venganza y, una vez más, orgullo, son atributos del autor espiritual en el papel de Lotário de Rabenau, fundador de una hermandad secreta, en la obra "L Abadía de los Benedictinos." Exactamente como el poeta John Wilmot, desperdició su vida en intrigas amorosas y se entregó a la lujuria, desencarnando siendo aun joven.

Sin embargo, en todas las etapas de su reencarnación, Rochester siempre buscó tener un sentido de la justicia y nunca fue malvado ni cruel. Tal fue el perfil del estimado autor espiritual cuando se dedicó a la difusión de la Doctrina Espírita, ayudando en la tarea de Kardec, quien estuvo presente con él en diversas etapas existenciales.

Sobre la médium Vera Kryzhanovskaia también notamos rasgos de comportamiento característicos y explícitos en algunos personajes. Extremadamente orgullosa y valiente, pero de una manera justa y honesta, a menudo prefería la muerte a la sumisión, como le dijo a Tiberius: "¡Mátame, no puedes hacerlo dos veces!"

Reencarnándose como Asnath, en "El Canciller de Hierro del antiguo Egipto", como Smaragda, en "El faraón Mernephtah", en el papel de Lélia, en el "Episodio de la vida de Tiberius", como Virgília, en "Herculanum", o Rosalinda, en "La Abadía de los Benedictinos", siempre despertó la pasión en más de un personaje, componiendo un triángulo amoroso que solía contar con la participación de Rochester y otro espíritu considerado el verdadero amor de su existencia – integridad, virtuosismo y comprensión, ganó su confianza y su corazón en varias etapas evolutivas, por ejemplo, en el papel de Marcus Fábius en "Herculanum." Es casi seguro que en "Dolores" esta alma gemela suya ha vuelto en la figura de Alfonso.

Entre los villanos, destacamos a Tiberius, protagonista de la obra "Episodio da Vida de Tiberius", y Kurt de Rabenau, de "La Abadía de los Benedictinos." El primero tuvo una vida llena de conocimiento científico como el egipcio Pinehas, de "El faraón Mernephtah", que fue utilizado para satisfacer sus caprichos personales y su loca pasión por Smaragda. Al regresar unos veinticinco siglos después como el Conde Hugo de Mauffen en "La Abadía de los Benedictinos", su vida continuó dedicándose al placer con los refinamientos de la crueldad, de hecho, vestigios del cruel pasado del emperador romano.

Y el segundo, espíritu vil, infiel y perjurio, además de haber reencarnado como Kurt de Rabenau, de la obra "La Abadía de los Benedictinos", también aparece como Mena, en la obra "Romance de una reina", Radamés, en "El faraón Mernephtah" y Daphne, en "Herculanum", mostrándose, continuamente, perezoso, egoísta, y en ocasiones cruel, confiando siempre en el perdón de Rochester, por cuyos lazos de amor es conectados, a pesar de la diferencia de carácter y la distancia evolutiva que los separa.

Pues a estos "actores", cuyas sucesivas vidas formaron el escenario de estas grandes obras espíritas y consolaron el corazón de innumerables lectores, confesando dolorosamente sus errores, exponiendo sus sentimientos más íntimos y volviendo hasta el día de hoy a vivencias materiales en busca de la Luz, rogamos a Dios que los ilumine en los caminos de la evolución espiritual y camine en paz, amor y constante progreso moral.

Es a ellos a quienes agradecemos y dedicamos esta edición de "Dolores."

Antonio Rolando Lopes Júnior

Capítulo 1

El castillo de los Condes de Mornos estaba ubicado en una de las calles aristocráticas de Toledo[1]. Aunque había sido lujosamente construido, el palacio ya mostraba lamentables signos de abandono y depreciación, que, de hecho, fue parcialmente mitigado por la exuberancia del hermoso parque que se extendía detrás de él.

En una hermosa mañana de primavera de 1772, un grupo de niños bulliciosos jugaba en la arena frente a una amplia terraza bajo el cuidado de un tutor y un ama de llaves. Había cuatro chicos de seis a doce años y una preciosa niña de tres, que era el centro de los juegos de sus agitados compañeros.

Los muchachos la llevaron en un carro; luego voltearon el juguete y colocaron a la niña encima, como si estuviera en un trono. Ahora, haría el papel de árbitro en un duelo y colocaría una corona de hierba con flores en la cabeza del ganador que sostenía en sus manitas en una escena muy divertida.

La pequeña reina de los juegos infantiles era Dolores, la única hija del Conde Pedro de Mornos. Ella y su madre eran sus ídolos, pero todavía tenía otros tres niños de seis, ocho y diez años que jugaban en el grupo. El mayor de todos; sin embargo,

---

[1] Toledo – Capital de la provincia de Toledo, en el centro de España. Es una de las ciudades de mayor importancia histórica y cultural de ese país.

fue Alfonso Vasconcelos, de doce años, hijo de un amigo del Conde. Los graves desacuerdos en la familia obligaron a la

padre separándose del hijo. El señor Vasconcellos había decidido divorciarse de su esposa, quien lo traicionó sin ningún tipo de coacción, lo que conmocionó a toda la sociedad, incluso en una época de total inmoralidad. Para liberar al niño del desagradable drama familiar, lo dejó en casa de su padrino, el Conde de Mornos, quien lo había estado criando junto a su familia durante más de dos años.

Alfonso Vasconcellos era un chico muy guapo, serio y algo melancólico. Le atraía la ciencia y la lectura, y era amigo íntimo de Ramiro, el hijo mayor del Conde de Mornos, aunque los dos tenían temperamentos totalmente opuestos. Ramiro era impulsivo, voluntarioso, irritable y perezoso, mientras que su amigo era constante, tranquilo y modesto.

En el juego, los dos amigos se batieron en duelo con entusiasmo, utilizando todas las técnicas que les había enseñado el profesor de esgrima. Alfonso atacó de acuerdo con las reglas y contrarrestó los ataques sin perder los estribos ni un solo momento. Ramiro, en cambio, estaba muy molesto, despreciaba todas las reglas establecidas y pronto logró desarmar a su oponente.

Triunfalmente, Ramiro se acercó a Dolores y, arrodillándose, exigió su premio. Sin embargo, la niña no se apresuró a coronar al verdadero ganador. Presionando la corona contra su pecho, declaró que le gustaría dársela a Alfonso. Luego Ramiro intentó arrebatarle la corona de las manos a Dolores, quien protestó gritando, pero Alfonso se lanzó en su defensa. La pelea se hizo tan fuerte que el tutor y el ama de llaves tuvieron que intervenir.

En ese momento, un joven apareció en la terraza, alto y bien vestido, y preguntó, disgustado, qué significaba el ruido. Al verlo, los niños se quedaron callados. Alfonso, como el mayor, contó lo ocurrido entre ellos.

– ¿No te da vergüenza hacer tanto lío sabiendo que tu madre tiene dolor de cabeza? – Dijo el hombre, que era el mismo Conde –. ¿Y tú, Ramiro? ¿Es así como sigue las lecciones del Sr. Gómez? ¡Luchas como un bárbaro, no como un caballero!

Al establecer el orden, el Conde de Mornos besó a todos los niños y, saliendo de la terraza, se dirigió al "boudoir"[2] de su esposa.

Algo serio preocupó a don Pedro. Se detuvo, sacó una carta de su bolsillo y la recorrió con la mirada; luego, pensativo, se la volvió a guardar en el bolsillo. Con pasos ligeros, entró en una pequeña habitación revestida de satén rosa. En un pequeño sofá, tapizado en seda con un dibujo de flores doradas, yacía una mujer joven con una bata de seda blanca. Era una criatura maravillosa, tierna como una niña. Sus grandes ojos azules, bordeados de pestañas negras, parecían dos zafiros relucientes. Solo una palidez terrible y una expresión enferma ensombrecían un poco la belleza de ese rostro.

– ¿Cómo te sientes, querida? ¿Ha desaparecido tu dolor de cabeza? – Preguntó el Conde, besando tiernamente la mano de su esposa y sentándose en el sillón junto a ella.

– ¡Gracias, Pedro! Ahora estoy bien. La carta que recibí esta mañana me molestó un poco. Entonces quiero pedir un deseo.

---

[2] "Boudoir" – Del francés, habitación pequeña y elegante, en casas refinadas, reservada para el dueño de la casa, que puede aislarse o recibir personas íntimas en ella.

– Si mi consentimiento te satisface, ya lo tienes de buena gana. Dime de qué se trata – dijo el esposo sonriendo al ver que en los ojos azules de su esposa brillaba una expresión de alegría y reconocimiento.

– ¡Oh...! Querido, ¡muchas gracias! – Exclamó feliz la Condesa –. Recibí una carta de mi buena amiga Ximena. Su marido murió dejándola sin sustento. Ella tampoco tiene familiares; por tanto, decidió entrar en el convento, aunque no tenía ningún deseo. Pues bien, me gustaría proponerle que venga a vivir con nosotros. A pesar de ser mayor que yo, siempre tuve una gran afinidad por Ximena y como ahora estoy a menudo enferma y cansada, ella puede ayudarme con el cuidado de la casa y la educación de Dolores. Tú mismo sabes lo inteligente que es Ximena y lo rigurosos que son sus principios.

– Apruebo plenamente tu intención, querida, y te pido que escribas a doña Ximena. Hoy es realmente muy extraño. También recibí una carta en la que se me pedía que aceptara a un nuevo miembro en nuestra familia.

– ¿Quién ordenó? – Preguntó la Condesa sorprendida.

– Fernando. Como sabes, tiene un hijo ilegítimo al que simplemente idolatra y le gustaría darle una educación digna. Finalmente, nos ruega que aceptemos a su hijo José de doce años y lo eduquemos durante unos años junto con nuestros muchachos.

La Condesa se levantó rápidamente. Un rubor cubrió su rostro pálido.

– ¡¿Estás en tu sano juicio?! ¿Te atreves a pedirme que admita al hijo ilegítimo de un esclavo, un negro, en compañía de mis hijos? ¡No! Esto realmente cruza todas las fronteras. Primero, nos ofendió al rechazar la mano de mi hermana; ahora quiere imponernos como iguales al hijo de su concubina. ¡Escucha, Pedro, me rebelo y me opongo categóricamente a esto!

En la voz de la Condesa sonaban una rabia profunda y un verdadero desprecio.

– ¡No te alteres tanto que te volverá a doler la cabeza! – Dijo el Conde en tono conciliador –. Dado que esto es tan desagradable para ti, no insisto en la admisión de José en nuestra familia. Reconozco que me duele ofender a Fernando. Al pensar en él, siempre siento remordimientos. ¿No fui yo quien le robó la felicidad de su vida?

Con esas palabras, don Pedro apretó tiernamente la mano de la Condesa contra sus labios.

– Cada uno debe permanecer en el lugar que Dios le asignó. El lugar del pequeño mulato José está en la cocina del Conde de Mornos, no en la sala.

El Conde no puso objeciones, habló un poco más sobre otros asuntos y se fue. Taciturno y preocupado, entró en su oficina y se sentó en el "bureau"[3].

Cuando terminó de escribir, se acercó a la ventana y se rindió a sus pensamientos. La carta de su hermano le había traído mil recuerdos: todo el pasado, casi olvidado, revivió de nuevo. El padre de don Pedro, el Conde Rodrigo de Mornos, era un hombre muy guapo y disfrutaba de la buena vida. Loco por el juego y las aventuras amorosas, sacudió enormemente la gran fortuna dejada por sus antepasados; casi se arruina, pero el azar lo ayudó: conoció a una joven mestiza, muy rica, viuda de un hacendado cubano.

---

[3] Del francés – mesa de escribir con gavetas o de tipo escritorio pequeño.

Don Rodrigo era soltero y todavía muy guapo a pesar de sus cuarenta y dos años. Así que fácilmente se ganó el corazón de la joven y se casó con ella.

Doña Elvira Martínez era pariente lejana de la familia Mornos y tenía un hijo de cuatro años de su primer matrimonio. Su difunto esposo poseía una gran cantidad de tierras en los alrededores de Toledo, España, a donde viajó con la intención de ocuparse de asuntos de herencia y luego conoció al Conde Rodrigo.

La mayor parte de la enorme fortuna de Martínez había pasado a manos de su hijo, el pequeño Fernando, pero la propia doña Elvira era lo suficientemente rica como para sacar a su nuevo marido de problemas. Si don Rodrigo lograba contenerse, unos años bastarían para borrar las consecuencias de sus locuras, pero seguía apostando y llevando una vida lujosa que sobrepasaba sus posibilidades.

El nacimiento del hijo hizo muy feliz al Conde, pero no cambió sus hábitos. Los padres amaban al pequeño Pedro y lo consentían mucho. Cuando cumplió veintiún años y Fernando veinticinco, el Conde Rodrigo contrajo tifus y murió. Su esposa, que lo cuidó desinteresadamente, también se contagió y, pocos días después, siguió el camino de su marido.

El joven Pedro de Mornos, que adoraba a sus padres, quedó tan conmovido que se rindió por completo a su desgracia. Pero cuando la vida lo obligó a ocuparse de los negocios y la propiedad de su padre, supo, con pavor, que en lugar de una gran fortuna se quedaba solo con tierras baldías y enormes deudas.

Al enterarse de las dificultades económicas de su hermano, Fernando le ofreció ayuda, pero Pedro se negó.

Los hermanos siempre habían sido amigos, pero su amor por la misma chica enfrió su relación. Los dos se enamoraron de Dolores, hija de un noble rico. Pero ella prefería a Pedro, el más bello. Este golpe afectó fuertemente a Martínez, quien tuvo un ataque de nervios y, al recuperarse, decidió trasladarse a Cuba.

Tras la marcha de Fernando, los contactos entre los hermanos se hicieron cada vez más raros y se enfriaron por completo cuando don Pedro se enteró que Martínez se había involucrado con una de sus esclavas, con quien tuvo un hijo, dándoles a ambos una posición muy superior a su condición. El orgulloso aristócrata pensó que era muy natural que Fernando tuviera una esclava por concubina, pero le indignaba la idea que trataría a esta criatura como a un igual y consideraría a su hijo como su legítimo heredero.

Entonces, el Conde le escribió a su hermano una carta llena de reproches y trató de convencerlo que volviera en sí y contrajera un matrimonio decente. Con eso en mente, le propuso casarse con Bianca, la hermana menor de Dolores, quien era muy similar a ella.

Para gran sorpresa del Conde y profunda indignación de su esposa, don Fernando rechazó rotundamente la propuesta, declarando que quería ser libre, porque en la persona del pequeño José tenía un heredero al que había decidido irrevocablemente dar su nombre y su herencia., adoptándolo como hijo.

Esa carta definitivamente enfrió la relación entre los hermanos. La correspondencia se hizo aun más rara; por eso, la carta pidiéndole que aceptara al pequeño José en su familia, que llegó tres años después de un silencio total, fue una verdadera sorpresa para don Pedro.

Una respuesta así a esa carta, por supuesto, no restablecería la buena relación. Entonces, la conexión entre los dos hermanos se cortó definitivamente.

Capítulo 2

Era un día de otoño de 1784. En el estudio, donde en una ocasión le había escrito a su hermano que se negaba a aceptar al pequeño José, el triste y meditabundo Conde Pedro de Mornos estaba recostado en su sillón. Acababa de hojear un voluminoso paquete de correspondencia y otros documentos, y la lectura de esos documentos probablemente lo había irritado. Estaba tan absorto en sus pensamientos que no escuchó los rápidos pasos y el tintineo de las espuelas. Solo cuando una voz fuerte dijo: "¡Buenos días, papá!" es que se estremeció y respondió en tono cansado:

– ¿Eres tú, Ramiro? ¿Por qué volviste tan temprano?

– No quería quedarme más a jugar. Hice la excusa que no me sentía bien y me fui tan pronto como terminaron las negociaciones sobre la recepción del Duque.

– ¿Cuándo llega Suzá?

– El siguiente lunes. Al día siguiente le ofrecerán un almuerzo de bienvenida y, por la noche, un gran baile. Tú, por supuesto, participarás en las festividades, papá, ya que Suzá es tu amigo.

– En mi juventud, durante mi estancia en Madrid, estuve muy cerca del Duque. Después, nuestra relación se enfrió un poco, porque Suzá también se enamoró de tu difunta madre. Pero después de la boda, nos reconciliamos. Desde entonces, nos hemos perdido de vista. Sé que es viudo y tiene un hijo de casi tu edad.

– Hoy no se dijo nada de su hijo. Ni siquiera sé si vendría también.

– Probablemente no. Escuché que el joven Duque es feo y vive aislado en un castillo cerca de Granada[4].

De repente se hizo el silencio. El joven Conde se paseaba por la habitación, estudiando el rostro pálido y sombrío de su padre, que una vez más se había hundido en sus pensamientos.

Ramiro de Mornos era ahora un joven de veintitrés años, esbelto, con un cuerpo apuesto como su padre.

El silencio del Conde lo oprimía. Finalmente, Ramiro se detuvo frente a él y dijo con una irritación apenas contenida,

– Dime, padre, ¿qué noticias has recibido? No estarías tan triste sin ninguna razón.

– La razón es la misma, hijo mío, exigencias que no puedo satisfacer. Siempre el mismo juego. Préstamo para saldar la deuda, nueva deuda para saldar el préstamo. Solo Dios sabe cómo podré salir de esta miseria a la que nos ha llevado tu desafortunado compromiso.

– Sí. La muerte de Isabela fue un golpe, tanto para mi corazón como para nuestros planes. ¡Pero no te preocupes, padre! Siento que todo saldrá bien. Ahora escucha lo que te quiero proponer sobre Dolores.

– Habla, ¿qué quieres decir con tu hermana?

– Es hora de sacarla del aislamiento en el que vive. Recuerda, papá, que Dolores tiene casi dieciséis años y es hora

---

[4] Granada – Ciudad de España, en Andalucía, ubicada a los pies de Sierra Nevada y considerada uno de los mayores núcleos turísticos.

de mostrársela a la sociedad. Ella es bonita y tal vez pueda conseguir una buena captura.

– Lo he pensado. Pero seguí pensando en los gastos que traería esta alternativa.

– Tarde o temprano, tendrás que hacer ese sacrificio. El baile que ofrecerá la nobleza al nuevo gobernador de Toledo es una excelente oportunidad para presentar a la niña en sociedad. Ella va a impresionar mucho; habrá caballeros de todas las provincias. Su ajuar no te costará tanto, porque los cofres que doña Ximena guarda como un dragón deben tener muchas telas, encajes y hasta joyas, que se guardaron después de la muerte de nuestra madre.

Don Pedro no pudo contener la risa.

– ¡Tienes razón! ¡Diablos! Admiro tu ingeniosa cabeza. Entonces, tenemos que notificar a las damas que Dolores irá al baile el próximo lunes. Dale tiempo para que prepare un buen atuendo.

El viejo Conde se levantó. Los dos se dirigieron, a través de una galería de cuartos semi oscuros, hasta la otra ala del palacio, donde vivía la joven Condesa con su institutriz.

Durante los últimos años, don Pedro había pasado por muchas desgracias. La muerte de la mujer dejó en su corazón una de esas heridas que nunca cicatrizan. Luego cedió a la apatía y abandonó por completo los asuntos financieros. La quiebra del banco, al que había confiado un capital considerable, y un terrible incendio que se había desatado en la mejor de las propiedades que aun poseía, definitivamente lo habían arruinado. Pero, las desgracias no se detuvieron ahí. Ramiro se enamoró de la única hija de un vecino, un terrateniente. El padre de la niña accedió al matrimonio, ya que era un viejo amigo del viejo Conde y consideraba a su hijo como un joven digno.

El matrimonio sería una gran felicidad para toda la familia de Mornos, pues Isabela D'Alvarez no solo era hermosa y de excelente carácter, sino que además aportaría más de medio millón de dote. Don Pedro, que pensó que era natural y necesario que su hijo preparara un nido digno para la mujer que amaba, no protestó por los excesivos gastos de Ramiro e incluso lo ayudó a realizar una serie de cuantiosos préstamos.

Confiando en la herencia de la novia, los prestamistas fueron condescendientes en ese momento. De hecho, todo iría bien si un imprevisto no frustraba todas las expectativas de Ramiro. Al salir de un baile, doña Isabela se resfrió y una neumonía severa la consumió en pocos días, a pesar de todos los esfuerzos de los mejores médicos del pueblo.

La muerte de la novia no solo devastó a Ramiro, quien la amaba con pasión, sino que también asestó un golpe irreparable a la terrible situación del Conde. Los acreedores se volvieron impertinentes y el Conde de Mornos tuvo que trabajar duro en maniobras financieras para contrarrestar sus ataques. La idea de casar a Dolores con algún aristócrata rico, entonces, le atraía.

En una gran sala, decorada al estilo del siglo XVII, inclinadas sobre el estrado, estaban dos mujeres. Una anciana, doña Ximena, a quien la difunta Condesa acogió en su casa, y una mujer joven, Dolores, que se ha vuelto tan hermosa como lo era su madre.

La llegada de don Pedro y Ramiro interrumpió el trabajo de las damas. Dejando caer la aguja, Dolores corrió a abrazar a su padre y besar a su hermano. Este último la tomó de la oreja y dijo con malicia en sus ojos:

– ¡Si supieras las novedades que traemos, saltarías al techo!

– ¿Quieres llevarme a ver una comedia? – Preguntó Dolores, con las mejillas encendidas.

– ¡Mucho mejor! Papá te llevará a un gran baile que dará la nobleza en honor al Duque de Suzá, el nuevo gobernador de Toledo, que está a punto de llegar.

La niña dio un grito de alegría y comenzó a bailar por la habitación.

Al ver el rostro descontento de doña Ximena, el Conde Pedro dijo:

– Te olvidas, amiga mía, que, Dolores tiene dieciséis años y es hora de pensar en su destino. Sé tan amable, cósele un atuendo decente, usando todo lo que tienes.

Después de discutir el horario de la fiesta y otros detalles, los dos Condes se fueron. Dolores estaba borracha de alegría. La impaciencia se apoderó de ella de tal manera que doña Ximena tuvo que ceder a su insistencia y luego dirigirse al cuarto donde estaban las cómodas de vestidos, telas, encajes y demás enseres de tocador que pertenecieron a la difunta Condesa.

Los días siguientes la joven vivió como en un sueño. Con vivo interés, siguió el trabajo de las dos costureras que le hicieron el vestido. Cuando llegó el día del tan deseado baile, con bastante anticipación, estaba lista. Para contener su impaciencia y matar el tiempo, siguió admirándose en el espejo.

El rumor que el Conde de Mornos llevaba a su única hija al baile se extendió rápidamente entre los invitados. Muchos sabían de la existencia de Dolores, pero pocos la conocían.

La asombrosa belleza de la joven Condesa tuvo un efecto enorme. Una multitud de jóvenes caballeros la rodeó, queriendo el honor de invitarla a bailar. Al principio, Dolores se sintió un poco cohibida, pero su ingenio pronto regresó. Charlaba alegremente con el Marqués de Santos cuando, de repente, un extraño movimiento le llamó la atención. Todos los invitados abrieron un amplio pasillo y ella vio un anciano que se inclinaba a todos lados.

– Es el nuevo gobernador – le susurró su vecino a Dolores, mientras el Marqués de Santos los dejaba apurado para saludar al Duque.

Al darse cuenta de los dos Condes de Mornos entre los invitados, el Duque caminó hacia ellos, y luego tuvieron una animada conversación.

El Conde de Mornos no tardó en presentar a su amigo a su hija y el Duque se enamoró de ella. Bailaba mucho con Dolores y apenas la dejaba en toda la noche, lo que provocaba envidia y descontento entre las demás damas.

Al día siguiente, por la noche, el Duque visitó a Dolores para saber cómo se sentía después del primer baile. Llevó consigo una gigantesca caja de dulces y un espléndido ramo de flores. La joven aceptó los obsequios con visible satisfacción, ya que aun no estaba acostumbrada a la atención masculina y el cortejo del Duque la divirtió mucho.

Pasaron tres semanas. El Duque se destacó en bondad; cubría a Dolores de flores, bombones; adivinó sus mínimos deseos y se preocupó tan poco por ocultar sus sentimientos que todo el pueblo empezó a hablar de su locura por la chica. Solo Dolores no notó nada. Se reía de las atenciones de su anciano admirador, no podía entender la tristeza de doña Ximena y ese extraño gemido en su voz, cuando a veces decía:

– ¡Pobre, pobre niña!

Finalmente, llegó el día en que el Duque le pidió al Conde la mano de su hija. Don Pedro, que estaba esperando esto, dio su consentimiento, pero no sabía cómo hablar con Dolores sobre la propuesta de matrimonio. Así que fue Ramiro quien se hizo cargo del asunto.

Primero, la joven Condesa rechazó categóricamente la propuesta del Duque.

– ¡Pero es un viejo! ¡Es mayor que papá! – Exclamó indignada –. ¡Me asombra cómo papá y tú pueden ofrecerme un marido así!

Ramiro suspiró.

– No tengo ningún deseo de influir en ti. Solo quiero aclarar nuestra situación real. Papá, por supuesto, no le dijo una palabra al respecto.

En pocas pero expresivas palabras, describió la historia de la ruina de su familia y dijo la verdad sobre los medios que aun mantenían su brillo exterior y apenas tapaban la miseria que Dolores, por su inexperiencia, no había notado hasta ese momento.

Pálida y angustiada, la joven escuchó a su hermano en silencio. Mentalmente, siguió todos los dolorosos pasos de la caída que la había llevado a la quiebra total. Parecía que una nube de plomo había descendido sobre ella y cubría el radiante futuro con el que soñaba. En su alma inocente surgió la idea y la convicción que debía sacrificar sus ilusiones para salvar a su padre y hermanos de un futuro vergonzoso y miserable, pues ni por un minuto la sedujeron la riqueza y la grandeza.

Después de un largo silencio, que Ramiro no se atrevió a romper, Dolores dijo con voz abatida:

– Dile a papá que acepto la solicitud del Duque.

Luego, devastada y asustada por sus propias palabras, cerró el rostro con las manos y lloró amargamente.

Una hora antes del almuerzo llegó el Duque de Suzá. Estaba en polvo y fragante, lleno de paquetes y caramelos. Parecía que la felicidad lo había rejuvenecido. Cuando apareció Dolores, le besó la mano cortésmente y expresó su deseo de darle el beso de compromiso. La joven no protestó. Pero cuando Suzá la besó, se le llenaron los ojos de lágrimas y corrieron por sus mejillas.

Los días que siguieron pasaron para la joven en un frenesí de fiestas y todo tipo de entretenimiento. La boda se celebraría tres semanas después. Nada estropeó la buena relación entre los recién casados, porque la atención refinada y los regalos del Duque divirtieron a Dolores. En su ego se sintió halagada.

La víspera de la boda, el Duque, que mostró la emoción y vivacidad de un joven, inventó una despedida de soltero. En el palacio del gobernador se reunió una élite numerosa. El Duque estaba en una tremenda euforia: recibía a todos con los brazos abiertos, dando un ejemplo de animación. El vino fluyó como agua.

Suzá vació un vaso tras otro. Había un brillo febril en sus ojos. De repente palideció y se tambaleó.

– ¿Qué te pasa? – Preguntó Ramiro, mirándolo preocupado.

– ¡Nada, nada, tonterías! Es un simple mareo – respondió el Duque, entregando el vaso al sirviente, quien luego lo llenó.

Alarmado, Ramiro miró al Duque cuando, aterrorizado, notó que su rostro se había enrojecido y, poco después, azulado. La copa que pretendía llevarse a los labios se le cayó de la mano temblorosa y el vino se derramó sobre el mantel. Suzá se reclinó en su silla con la boca abierta y los ojos vidriosos.

Se produjo la confusión: algunos se arrojaron sobre el Duque, otros llamaron a los médicos, los sirvientes corrieron aturdidos. Finalmente, Suzá, inconsciente, fue llevado a la cama. El médico que lo examinó negó con la cabeza y dijo que había sufrido un derrame cerebral muy grave y murió sin recuperar el conocimiento.

La muerte del Duque conmocionó a Dolores, pero durante los primeros días, la joven no tuvo tiempo de ceder a sus pensamientos. Al estar comprometida con el difunto, debía asistir a todas las misas y otras ceremonias funerarias. Mientras esperaban al hijo del Duque, el entierro se pospuso hasta su llegada y el cuerpo trasladado a la catedral. Esa triste ceremonia impresionó profunda y dolorosamente a la niña. Las miradas curiosas y a veces rencorosas dirigidas hacia ella la desagradaron terriblemente, y esperó con impaciencia el momento del entierro, después del cual pudo esconderse de la malévola indiscreción en la soledad de su hogar.

Finalmente, en la mañana del sexto día después de la muerte de Suzá, Ramiro anunció que el joven Duque había llegado de noche y que el entierro tendría lugar ese mismo día.

Pálida pero encantadora con su velo de luto, Dolores fue a la iglesia acompañada de su padre. Cuando llegaron, la catedral estaba llena de gente. Con la cabeza gacha, sin mirar a nadie, la joven atravesó la iglesia y se paró en el lugar destinado para ella.

Absorta en pensamientos tristes, ni siquiera se dio cuenta del joven pálido y ligeramente jorobado que se acercó a su padre y se dirigió a él en voz baja. Solo cuando don Pedro le dijo: "Dolores, permíteme presentarte al Duque Lui de Suzá", miró hacia arriba y vio la figura delgada y torpe del joven noble, que la saludó amablemente.

Al ver a la mujer que estaba a punto de convertirse en su madrastra, el Duque se estremeció y sus pálidas mejillas se sonrojaron. Luego procedió a no apartar los ojos del encantador rostro de la joven. Cuando la ceremonia terminó, se acercó al Conde y le pidió permiso para ir a su casa.

En lugar de regresar a Granada, como pretendía, el joven Suzá se quedó en Toledo y se convirtió en un visitante frecuente de la casa de los Mornos. Y la situación acabó en una propuesta de matrimonio del Duque a Dolores, que fue aceptada, aunque la joven Condesa no sintió ternura alguna por el infortunado jorobado: el interés y las ganas de sacar a la familia de la situación hablaban más fuerte.

Pero el destino parecía estar en contra de esos planes, ya que una semana antes de la boda, el Duque, nadando en el río, se ahogó de repente. Cuando lo sacaron del agua, ya estaba muerto. La muerte de su segundo prometido afectó profundamente a Dolores, pero seguía decidida a sacar a su familia de problemas. Solo que, por el momento, no hubo más pretendientes.

Poco después del Duque, murió doña Ximena. Rebuscando entre sus pertenencias, Dolores encontró unas cartas de su madre y a través de ellas se enteró de la existencia de su tío Fernando, que residía en Cuba. Luego, durante la cena, le preguntó a su padre por él.

– Fernando es mi medio hermano, el hijo del primer matrimonio de mi madre con Don Enrico de Martínez – explicó el Conde.

Luego, en pocas palabras, le contó la historia de su rivalidad con su hermano y el motivo de su separación.

– En ese momento me costaba ofender a Fernando – agregó –, pero tu madre era tan hostil a ese proyecto que me vi obligado a negar su pedido. Desde entonces, no he sabido nada de él y ni siquiera sé si está vivo.

– Pero si murió, debes recibir la herencia que dejó – observó Ramiro.

– ¡Oh! ¡No! Sin duda, dejó toda su enorme fortuna a José, porque una vez me escribió diciendo que quería adoptarlo.

– Pero si es tan amable y magnánimo como dices, tal vez pueda ayudarte a salir de esta situación. ¿Por qué no escribir y renovar el contacto con tu hermano? No debe haber guardado rencor durante tanto tiempo.

– He pensado varias veces en esa salida, pero me disgusta tanto que no puedo escribirle a Fernando. Pero por el amor de ustedes, mis pobres hijos, tendré que hacerlo, por muy pesada que sea para mí esta tarea.

– Quizás todo salga mejor de lo que crees, papá – dijo Ramiro –. El dinero que necesitas es una miseria para un millonario como el tío Fernando. Además, le devolverás este préstamo. Después de todo, tiene el deber de ayudar a un pariente cercano que, por nacimiento, es su heredero, si el tío Fernando es soltero. Ya te ha hecho daño, dejando toda tu fortuna a un hijo ilegítimo – concluyó el joven Conde y en sus ojos apareció un desastroso destello.

Capítulo 3

La hacienda de Don Fernando Martínez estaba a un día en coche desde La Habana[5]. Su hermosa propiedad estaba situada en un lugar pintoresco y era famosa por sus excelentes huertos.

Una tarde, cuando el calor abrasador dio paso a una agradable brisa, en uno de los balcones se encontraba un hombre pensativo y triste, con aspecto enfermizo, sentado en un sillón de mimbre, tan inmerso en sus meditaciones que no se dio cuenta de lo que le pasaba a su alrededor. No vio a los negros pasar silenciosos a su lado, esperando órdenes, ni al hombre de elegante traje de lino con pañuelo al cuello, que trataba de llamar su atención, levantando su sombrero de paja y haciendo modestas reverencias.

Finalmente, una tos leve pero insistente sacó al hombre de sus pensamientos. Se levantó y preguntó distraídamente:

– ¡Ah...! Eres tú, don Bartolomeo. ¿Qué quieres?

– Vine a recibir sus órdenes, don Fernando, sobre los dos fugitivos negros que fueron recapturados y traídos hoy, y también el informe del inspector de minas sobre la necesidad de algunas reparaciones...

---

[5] La Habana – Capital de Cuba, ubicada en el Golfo de México, fue fundada en 1519 por Diego Velásquez. En el siglo XVIII, fue uno de los primeros puertos de escala para los galeones españoles.

– Ve con José. Sabes que le confié todos los asuntos – interrumpió Don Fernando con impaciencia.

– Don José está ausente y no se sabe cuándo regresará; sin embargo, existen problemas importantes que requieren soluciones inmediatas.

– En ese caso, habla con él mañana por la mañana. Hoy, Don Bartolomeo, me siento terriblemente cansado e incapaz de hacer negocios.

Don Bartolomeo le hizo una reverencia, bajó las escaleras y siguió un camino sombreado hasta el pabellón donde vivía.

– ¡Viejo perezoso! ¡Tonto! ¡Miedo de mover un dedo y dar órdenes sin el consentimiento de este sinvergüenza, este satanás! – Murmuró, golpeando con su bastón las flores y hojas de los árboles que bordeaban el camino.

Bartolomeo Janto era el hijo menor de una noble familia española que vivía en Cádiz[6]. Recibió una excelente educación, pero, al carecer de recursos, necesitaba ganarse el pan de cada día; por eso se fue a trabajar como primer gerente de Don Fernando.

En ese momento, cuando el señor Janto se hizo cargo de la hacienda, José tenía solo siete años. Era un niño altivo, reservado e insolente. La admiración desenfrenada de su padre ya lo había convertido en un pequeño tirano, que hacía pagar muy caro a los esclavos cada retraso o mala conducta en el cumplimiento de sus caprichos. Desde el primer día, don Bartolomeo comprendió que José era una fuerza a tener en

---

[6] Cádiz – Ciudad portuaria de Andalucía, suroeste de España, fundada por los fenicios en el 1100 aC. Está parcialmente amurallada y ubicada en un islote rocoso conectado a tierra por una laguna de arena.

cuenta y comenzó a comportarse en consecuencia. Odiando, como todos los españoles, a la gente de color, logró insinuar a José que era su amigo más sincero.

El pabellón que ocupaba Bartolomeo era una bonita casita blanca, que tenía una gran galería con una marquesina a rayas. Resoplando ruidosamente, el gerente subió las escaleras. Mientras arrojaba su sombrero en el banco, se sentó en una silla de caña, secándose la frente sudorosa.

Un minuto después, una mujer gorda con una falda de rayas y un pañuelo amarillo en la cabeza apareció en la galería y preguntó si a don Bartolomeo no le gustaría almorzar. Al recibir una respuesta positiva, se fue y regresó acompañada de una negra, quien lo ayudó a preparar la mesa y a colocar refinados platos.

Sentada frente a don Bartolomeo, que comía con poco apetito, Gilda comenzó a servirlo, al mismo tiempo que comenzaba un sinfín de quejas y reclamos sobre el descuido y la mala voluntad de los sirvientes que supervisaba.

De joven había sido una belleza y don Fernando la entregó como concubina a dos de sus vecinos. Más tarde, el joven José también se sintió atraído por ella y le dio el ardor de su primera pasión, que destacó a la mulata entre los esclavos de Don Fernando. Incluso ahora, perdiendo su belleza y convirtiéndose en cascarrabias, tenía una ascendencia enorme sobre José.

Cuando se quedó solo, don Fernando se entregó de nuevo a sus pensamientos. Parecía mayor de lo que era. Su alta figura se había encorvado, su cabello negro era mayormente blanco, y había signos de debilidad y cansancio a su alrededor. Hacía unos años había tenido fiebre amarilla que por poco no lo había llevado a la tumba. Desde entonces, Don Fernando no había podido recuperarse del todo. Su salud se vio afectada y cayó bajo la influencia absoluta de su hijo.

Pasos firmes, bien conocidos, obligaron al campesino a levantar la cabeza. Su mirada, con amor y orgullo, se dirigió a un joven alto y esbelto, que se acercaba al porche, silbando el tema de un cazador. Era un joven de veinticuatro años, apuesto, de facciones finas y regulares, cabello negro y espeso y ojos grandes, oscuros y fríos. Su boca pequeña con labios finos expresaba altivez y desdén; su rostro estaba ligeramente moreno. Generalmente era un hombre elegante y encantador con modales aristocráticos. Solo la piel oscura alrededor de sus uñas revelaba la sangre mezclada que corría por sus venas.

El joven hacendado fue seguido pacíficamente por un enorme tigre, que yacía dócil a sus pies, cuando él, besando a su padre, se sentó frente a él.

– ¿Ha estado alguien aquí, papá? – Preguntó José encendiendo un cigarrillo.

– Sí, don González me visitó.

– ¿Le dijiste algo desagradable? Pareces estar molesto.

– ¡Imagínate, me trajo una carta de Pedro! Describe todas las desgracias que le sucedieron, sobre las cosas que hemos escuchado y...

– ¿Pidiendo dinero? – Interrumpió José.

– Sí, pide trescientos mil reales[7] para volver a ponerse en pie, prometiendo devolverlos poco a poco.

---

[7] Trescientos mil reales – Sorprendentemente, el "real" al que se refiere el personaje era el nombre de la antigua moneda española, acuñada en plata, que en ese momento valía 1/4 de peseta; unos 40 réis de Portugal y 9 kopeques de Rusia. La moneda mencionada anteriormente, por lo tanto, no tiene nada que ver con la moneda brasileña.

– ¿Y estás dispuesto a darle esta ayuda? En ese caso, ¡no pudo guardar rencor!

Don Fernando parecía avergonzado. Su mirada vagó indecisa sobre el rostro sombrío de su hijo. Luego respondió con una ligera vacilación.

– Confieso que, en la memoria de Dolores, sería muy doloroso para mí si sus hijos se hundieran en la miseria. Así que casi me decidí a conceder su solicitud. Pero quiero poner una condición a Pedro, que lo castigaría un poco por su orgullo anticristiano. Pero espero que eso no te disguste. La condición es esta: debe ofrecerte la mano de su hija Dolores en matrimonio. Si ella se convierte en mi nuera, no solo pagaré todas sus deudas, sino que también le daré un capital con el que podrá restaurar todo el brillo anterior de su nombre y asegurar el futuro de sus hijos... Pero, antes de escribirle a Pedro, necesito saber qué piensas de mi plan y si aceptas la alianza que te propongo.

Don Fernando calló y vio, feliz, que el rubor cubría el rostro de su hijo.

José parecía estar luchando consigo mismo. Pero después de un minuto respondió en voz baja:

– Será un partido brillante, una alegría para ti y una gran satisfacción para mí. ¿Por qué me opondría a algo tan beneficioso para todos? ¡Escríbele, padre! ¿No pensaste una vez ofrecerle un millón para que te diera su esposa? Así que dáselo ahora como pago por su hija.

Don Fernando, visiblemente sorprendido, miró a José, sabía lo ahorrativo que era su hijo, incluso a veces codicioso, y cuánto le gustaba el oro.

– ¡Está bien! – dijo, después de un cierto silencio –. Le escribiré a mi hermano hoy. ¿Pero no te gustaría llevar esta carta tú mismo? Así conocerías a la joven y podrías traerla aquí, ya como tu esposa, porque ¿no dijiste que querías conocer Europa?

El rubor en el rostro de José luego cambió a una palidez mortal, y sus rasgos adquirieron una expresión de crueldad helada.

– Cuando tuve la idea de visitar Toledo, no sabía hasta qué punto me despreciaban los nobles Condes de Mornos. ¡Nunca volveré a poner un pie en su casa! No niego que estoy listo para casarme con una mujer que se parece a la difunta Condesa. Sin embargo, mi matrimonio con Dolores debe, en primer lugar, satisfacerme por su ofensa inmerecida y castigar a su padre por su estúpido orgullo.

– ¡Entiendo! Quieres vengarte de don Pedro, pero olvidas que una chica de dieciséis o diecisiete años no puede hacer un viaje así sola, aunque Pedro consienta en dejarla venir aquí – dijo Don Fernando.

– Pero no pensé en hacerla viajar sola. Simplemente no quiero ir a buscarla. Esto es lo que propongo: enviar a Janto con la carta y al menos cincuenta mil reales para entregársela al Conde, porque aparentemente no tiene ni un centavo. Janto puede traer a la chica si la dejan salir, don Bartolomeo es un empleado confiable y, por su edad y noble origen, es la mejor persona para cumplir con esta delicada misión. Además, será un acompañante muy cortés – explicó José, tratando de convencer a su padre.

Don Fernando, con aspecto cansado, negó con la cabeza. Muchas cosas del plan del hijo no le agradaban. Pero se acostumbró a obedecer al joven en todo y su enfermedad se reflejó tanto en su carácter ya débil que él, como siempre, estuvo de acuerdo.

Media hora después apareció don Bartolomeo, que le extrañaba que lo llamaran fuera de tiempo. Cuando el gerente supo qué tarea delicada le querían encomendar, frunció el ceño. Además, un viaje largo y peligroso no le atraía en lo más mínimo. Trató de hacer algunas objeciones, como hizo don Fernando, pero al notar el tono en que José las refutaba, comprendió que cualquier tipo de discusión no conduciría a nada. Luego dejó de oponerse y mostró una gran determinación. Decidió ir a La Habana a recoger el dinero, hacer las compras necesarias y averiguar si algún barco saldría pronto para Europa.

Para gran decepción de don Bartolomeo, resultó que el único barco con destino a Cádiz había sufrido daños y estaba siendo reparado. Por lo tanto, solo saldría en tres semanas. Ya tenía la intención de volver a la hacienda con la noticia, que no correspondía a la impaciencia de don Fernando, cuando estaba descubrió que en el puerto exterior otro barco levaría anclas en dos días y se dirigía a España.

– Pero dudo que puedas viajar en él – agregó el banquero que le dio la información.

– ¡¿Por qué?! – Preguntó Janto, decepcionado de nuevo.

– Porque el capitán del "Silfide" no acepta pasajeros.

Sin perder tiempo, don Bartolomeo fue al muelle, alquiló un bote y ordenó que lo llevaran a "Silfide." Mientras subía a cubierta, pidió a un marinero que lo llevara hasta el capitán, que estaba en su camarote, y recibió a Janto con cierta frialdad. Cuando este último le presentó la solicitud, el rostro expresivo del capitán mostró claramente la negativa. El gerente perdió el valor, pero no se rindió. Sabiendo que el capitán Alfonso de Vasconcellos también pertenecía a la aristocracia española, don Bartolomeo le hizo entender hábilmente que el propósito del viaje era llevar una carta muy importante que Don Fernando Martínez envió al Conde de Mornos y que debía llegar a las manos de ese noble lo antes posible.

Cuando escuchó el nombre del Conde de Mornos, el rostro sombrío de Alfonso se iluminó. Cuando preguntó por el Conde y se enteró que vivía en Toledo, el capitán le dijo que conocía a don Pedro y que había vivido en su casa durante unos dos años. Entonces, para complacer a su padrino, aceptó a Janto a bordo. Vasconcellos solo pidió que fuera puntual, porque al día siguiente zarparía muy temprano.

Lleno de alegría con su éxito, Janto regresó a casa y se ocupó de los preparativos finales.

Una hora antes de la salida, llegó corriendo un esclavo llamado Scipión y le dijo que don Bartolomeo debía ir inmediatamente a hablar con José.

Irritado por esta pérdida de tiempo, Janto fue a la habitación de su joven señor. José estaba en la hamaca y dos esclavos lo sacudían.

– Quiero que entregues personalmente dos paquetes que le llevarás a doña Dolores, uno a mi nombre y el otro a nombre de mi padre – dijo, tomando con negligencia dos estuches, que entregó a Bartolomeo.

– Esto – señaló a la caja más grande – mi padre se lo envía a su sobrina; y esta es mi foto. Le he adjuntado una carta dirigida a mi hermosa prima, que contiene un pequeño programa sobre cómo ganarme el corazón – agregó con una sonrisa mitad altiva, mitad traviesa.

Entonces Janto prometió llevar a cabo la tarea con rigor y se fue.

Capítulo 4

Con gran impaciencia, de hecho, bastante comprensible, don Pedro esperaba una respuesta de Cuba. Nunca antes había necesitado tanta ayuda sustancial. Como siempre pasaba, los gastos superaban los ingresos y para pagar una deuda contrajo otra. El negocio de don Pedro se volvió tan complicado que ya no sabía qué hacer. Además, últimamente la mala suerte le perseguía tenazmente. Había sufrido un fracaso tras otro, y los prestamistas se estaban volviendo cada vez más despiadados. El Conde no tenía salida y no podía pedir prestado en ningún lado. Parecía que todos los prestamistas de Toledo habían conspirado contra él.

La situación empeoró aun más cuando don Pedro, indignado, le negó la mano de su hija a un rico banquero local, quien imaginó, dada la difícil situación del Conde, que podría convertirse en su pariente. El banquero rechazado compró todos los pagarés del Conde y no le dio tregua.

Bartolomeo, que llegó a España tras un feliz y muy rápido viaje, encontró al Conde exactamente en esta situación. Se hospedó en un pequeño hotel. Cuando se cambió de ropa, ordenó que lo llevaran al palacio de Mornos.

El personal miró a Janto con sospecha, pero cuando se enteraron que había venido de Cuba como enviado de Don Fernando de Martínez, una expresión de agradable sorpresa apareció en sus rostros. Todos, con insólita solicitud, se apresuraron a recibir la noticia. Se notó que los sirvientes también depositaban sus esperanzas en el hermano millonario del jefe.

Dos minutos después, don Bartolomeo entró en la oficina de don Pedro, hizo una reverencia al viejo aristócrata, cuyo aire majestuoso y elegante lo impresionó fuertemente.

– Siéntese, señor – dijo el Conde –, y transmítame el mensaje de mi hermano.

– Señor Conde, tengo una carta de Don Fernando y me encargo de hablar con Vuestra Excelencia sobre un acuerdo familiar, cuyos detalles encontrará en esta carta, que tengo el honor de transmitirle.

– En ese caso, lo hablaremos esta noche o mañana por la mañana. Primero, necesito leer la carta de mi hermano, examinar y sopesar su propuesta y tomar una decisión. Mientras tanto, don Bartolomeo, le pido que sea mi invitado. Mi hijo se ocupará de tu alojamiento.

Entonces Janto se levantó y se fue, acompañado de Ramiro, quien le dio al criado las órdenes necesarias.

Esto lo llevó a través de habitaciones, una vez lujosas, hasta un pequeño y cómodo dormitorio. Allí le sirvieron un bocadillo. Posteriormente, don Bartolomeo hizo traer sus maletas del hotel.

Cuando Ramiro regresó a su oficina, encontró a su padre sombrío y pensativo.

– ¿Y luego, padre? – Preguntó el joven con impaciencia.

– Don Fernando me vende su ayuda a un precio tan increíble que, si Janto no fuera un simple enviado, hubiera merecido simplemente ser echado de aquí de la manera más humillante – le dijo don Pedro.

Ramiro palideció, pero no tuvo tiempo de responder, porque la puerta lateral se abrió de repente y Dolores entró a la oficina, radiante y sonrojada.

– ¿Qué pasa, papá? ¿Qué noticias recibiste de mi tío? Envió a una persona que sin duda trajo la suma de dinero que pediste.

– ¡Oh! ¡Envió muchas cosas buenas! Don Fernando permanece fiel a su mercantilismo – respondió don Pedro con una risa amarga y sarcástica –. Una vez quiso venderme su ayuda por el precio de la mano de tu querida madre; ahora negocia contigo, Dolores, y exige que te conceda ser la esposa de su bastardo José.

– ¡No es posible! – Exclamó Ramiro, sonrojándose de rabia.

– ¡Escuchen y juzguen ustedes mismos! – Dijo don Pedro, tomando la carta.

Y leyó en voz alta el largo mensaje de su hermano.

– ¡Esa respuesta es una verdadera burla! Para seducirnos, lanza limosna como un hueso a un perro hambriento y fija de antemano el precio de su ayuda, exigiendo a la Condesa de Mornos por su hijo mulato ilegítimo. Ni siquiera envió a este pretendiente aquí, pero exige que una jovencita, haga este viaje sola para intentar conquistar a ese mulato...

La voz del Conde temblaba de rabia, pero se obligó a controlarse y añadió:

– ¡No hablemos más de eso!

Tratando de cambiar de tema, el Conde empezó a hablar de la situación.

Dolores no dijo una palabra. Acurrucada en la oficina, escuchó las deliberaciones de los hombres. Este último, acostumbrado a que Dolores lo supiera todo, hablaba con franqueza, sin ocultar su miedo al banquero que realmente había creado una situación desesperada.

– Ahora mismo, solo nos queda una salida: mi viaje a Cuba. Y eso es lo que pretendo hacer – se entrometió, inesperadamente, Dolores.

– ¡Tu niña loca! ¡No sabes lo que dices! – Interrumpió Don Pedro enojado.

– ¿Prefieres por casualidad que el banquero venga aquí, venda todo, incluso nuestra ropa, y que esto se convierta en un escándalo en todo Toledo? ¡Escucha, papá, déjame ir! La sociedad no encontrará nada vergonzoso en que vaya a visitar a mi pariente enfermo bajo la custodia de su servidor de confianza. El dinero que envió don Fernando te sacará de apuros por un tiempo. Al llegar a Cuba, veo lo que se puede hacer.

– ¡Oh! ¡Dios! ¡¿Por qué el pecado me castiga y me sumerge en un abismo de desgracia?! – Tartamudeó el Conde, poniéndose las manos en la cabeza.

– ¡Vayan, hijos, déjenme en paz! Necesito pensar en todo esto.

Los jóvenes luego se retiraron preocupados.

La necesidad es un consejero persistente. Esa misma noche, después de la última tormentosa noche de hogar, se decidió que Dolores iría a Cuba. Terriblemente molesto, don Pedro no podría hablar con Janto en persona. Por ello, fue Ramiro quien discutió con él los términos de la propuesta, que el enviado de don Fernando calificó cortésmente de "acuerdo familiar."

Como resultado de la conversación, don Bartolomeo expresó su deseo de ser presentado a doña Dolores. Ramiro luego respondió que su hermana lo vería a la mañana siguiente.

A la hora señalada, Bartolomeo Janto llegó a la habitación de la joven con la carta y los dos estuches en sus manos. Una vieja criada lo llevó al "boudoir" de Dolores, muy lujoso y anteriormente amueblado para ella por el Duque de Suzá. En esa atmósfera de esplendor, que combinaba con su belleza y ternura, la joven parecía encantadora. Con frialdad y seguridad, comenzó a hacerle preguntas al gerente sobre Cuba, sobre la duración y condiciones del viaje y, finalmente, sobre don Fernando. Ni una sola vez mencionó el nombre de José; sin embargo, don Bartolomeo consideró conveniente, en esa ocasión, entregarle las órdenes de sus amos.

Suavemente, le pidió a la niña que aceptara el regalo de su tío y le entregó el estuche abierto, en el que, sobre terciopelo negro, brillaba una joya de rubíes y perlas. Dolores se sonrojó y apartó el estuche sin siquiera mirarlo.

– ¡Eso es ridículo! No puedo creer que mi tío quiera ofenderme enviándome esto como regalo. ¡Está equivocado, Sr. Janto! Las joyas, por supuesto, son parte de la suma que está pagando por mi viaje a Cuba. Entonces devuelva este caso a su jefe. Usaré las joyas solo cuando sea la dueña de la hacienda.

Bartolomeo hizo una reverencia y cerró la maleta. Al no encontrar respuesta para dar, pensó:

– "¡Vaya, la chica no es de las más dóciles! Don José lo habría hecho mejor si hubiera venido aquí en persona." – Luego, en voz alta, dijo:

– En ese caso, Condesa, permítame entregarle la carta de don José de Martínez y este caso con su retrato.

Dolores, con mordaz desprecio, miró el caso.

– Me pregunto si, además de sus virtudes, don José sufre de una baja vanidad, pensando que solo necesito mirar su retrato para reconciliarme con su flagrante falta de cortesía – dijo con cáustica ironía –. Le pido, señor Janto, que le devuelva esto. Para mí, la imagen que hice dentro de mi alma es suficiente. No pasará mucho tiempo antes que vea el original. Pero, ¿qué papel es este? ¿Es una carta?

– Sí señora, es la carta de don José, decía que en ella exponía un pequeño programa sobre cómo ganarse su corazón.

Una expresión de odio y desdén brilló en los ojos azules de Dolores.

– Sí, don José tiene virtudes tan nobles que no puedo dudar de su origen. Devuélvele también esta carta. Cuando llegue a Cuba y vea todo yo misma, haré mi programa en sí. Don Fernando es un verdadero "caballero" y me pondré bajo su protección.

Dolores se levantó, dando a entender que la audiencia había terminado. Janto luego se fue. Estaba intrigado y sentía un profundo respeto por Dolores. Esa aristócrata altivo e inaccesible, como a propósito, había sido educada para gobernar fortunas. Bartolomeo podría haber jurado que el irresistible don José tendría muchos momentos desagradables, porque se enamoraría locamente y lamentaría mucho no haber ayudado simplemente a sus primos.

La partida de Dolores estaba prevista para tres semanas después, ya que Janto dijo que, si la señorita estaba lista para ese día, podrían hacer la travesía en el barco de don Alfonso de Vasconcellos, que regresaría a las Antillas[8].

---

[8] Antillas – Archipiélago Centroamericano ubicado entre el Mar de las Antillas y el Océano Atlántico, que incluye: Cuba, Haití,

El nombre del capitán de la "Silfide" causó una grata impresión en los Condes de Mornos. Luego, Ramiro le escribió a su compañero de infancia que su hermana iba a Cuba a visitar a su tío enfermo y le pidió que la tomara bajo su protección. Para responder a la carta, Vasconcellos prefirió ir a Toledo en persona, ya que estaría encantado de ver a don Pedro y sus amigos de la infancia. Juró al Conde que llevaría a Dolores sana y salva a su lugar de destino.

Dolores impresionó profundamente a Vasconcellos. Y cada vez que los grandes ojos negros del capitán la miraban con admiración apenas disimulada, un leve rubor aparecía en las mejillas de Dolores y una sonrisa iluminaba su rostro triste.

Aparentemente, la niña todavía estaba tranquila y valiente. De hecho, las circunstancias la obligaron a hacerlo, porque ni Vasconcellos, ni nadie más en Toledo, podían conocer el verdadero motivo de su viaje. Todos pensaron que era muy natural que don Pedro se apresurara a cumplir con el pedido de su hermano, lo que significaba una reconciliación. Si el viejo millonario había enviado a una persona de confianza a buscar a su sobrina, era una prueba de su sincero deseo de enmendarse, y se suponía que esto pronto lo llevaría a recibir ayuda económica.

Solo de noche, cuando estaba sola y nadie podía ver sus lágrimas, Dolores cedía a la desesperación. La cercana separación de sus familiares, la soledad que la aguardaba en un país lejano y la inminente batalla con una persona vanidosa y poco delicada cada uno, que nunca había visto en su vida, pero que ya la trataba como un objeto comprado, llenó su alma de

---

Jamaica, Puerto Rico, República Dominicana, Trinidad y Tobago, entre otros países.

una aflicción indescriptible. Solo de la oración y de su amor filial sacó fuerzas para realizar ese sacrificio.

La víspera de la partida, Ramiro invitó a Bartolomeo a una conversación íntima. Un plan monstruoso apareció en la cabeza de ese joven sin escrúpulos y, al dejarlo solo, dijo:

– Don Bartolomeo, ¿conoces el grado de parentesco que une a mi padre con Don Fernando? – Ramiro preguntó con voz apagada.

– Me parece que son hermanos por parte de la madre – respondió Janto.

– ¡Sí! Pero más allá de eso, debo explicarles el parentesco que une a las familias Mornos y Martínez.

El joven hizo un rápido bosquejo de los árboles genealógicos de las dos familias.

– Entonces, si don Fernando muere soltero, ¿quién, en su opinión, debería ser su heredero?

– Sin duda el Conde, tu padre. Pero debo señalar que, aunque es soltero, Don Fernando tiene un hijo legítimo, que es don José.

– Sé de eso. Pero, ¿fue liberada su madre esclava?

– No puedo decirlo con seguridad. No he escuchado nada sobre eso, – respondió Janto, mirándolo con sospecha.

– También me dijiste que mi tío está muy enfermo y que, según los médicos, no vivirá mucho.

Don Bartolomeo se incorporó en su silla y dirigió a su interlocutor una mirada fría y penetrante.

– ¡Sí, dije eso! Pero la enfermedad aun no es la muerte, los médicos pueden estar equivocados. Debo añadir, señor Conde, que no comprendo qué ventaja le dará la muerte de su tío.

– Pronto lo entenderás. ¿Estás muy cerca de mi tío? – Preguntó Ramiro.

– Estoy orgulloso de disfrutar de la plena confianza de mis empleadores – respondió Bartolomeo con dignidad.

– Me alegro de oír eso. Entonces, ¿entiendes que, si don Fernando muere sin testamento, toda su fortuna pasará a mi padre?

Bartolomeo saltó de su silla. Estaba muy nervioso.

– ¡Oh! Señor Conde, le repito que hay un testamento y todos los documentos que legan la herencia al hijo.

Ramiro puso su mano firmemente sobre el hombro de Bartolomeo. Luego se inclinó hacia adelante y, mirando fervientemente a los ojos del gerente, en voz baja, pronunció cada palabra con claridad:

– ¡Entonces, no está tan cerca de él como pensaba! De lo contrario, fácilmente podría apoderarse del testamento y otros papeles.

Janto objetó, ofendido:

– Entiendo, pero estás profundamente equivocado, buscándome para ser cómplice de un crimen. ¡Soy un hombre honesto!

– ¡Nunca lo dudé! Solo quiero saber qué responderá ese hombre honesto si le damos medio millón el día que mi padre y yo tengamos posesión de la herencia.

¡El efecto fue abrumador! Janto, sin aliento, se sentó en el sillón. Quería hablar, pero le faltaba aire. Solo después de un minuto balbuceó con la voz quebrada:

– ¡Medio millón... medio millón!

Los ojos de Ramiro se iluminaron triunfalmente. Janto había cedido a la tentación y, aprovechando ese momento de debilidad, prosiguió:

– Sí, medio millón, es decir riqueza e independencia. Todo esto por unas cuantas hojas de papel rotas que probablemente se guarden en el "bureau" de don Fernando y, si se quiere, la gestión total de todas las tierras. Creo que es mejor ser el primer empleado del Conde de Mornos que de un bastardo negro.

Bartolomeo guardó silencio como si hubiera perdido el conocimiento. Cerró los ojos, pero por el mimetismo nervioso de su apariencia, se podía ver que estaba reflexionando y que sus párpados bajos debían ocultar los resultados de sus pensamientos al interlocutor.

Ramiro sonrió. Estaba seguro de tener a Janto en sus manos.

– ¿Y luego, don Bartolomeo? ¿Puedo contar con su cooperación? –Preguntó, después de un cierto silencio.

Janto se levantó. Estaba pálido, le temblaban los labios y en sus pequeños ojos grises había una codicia inconmensurable.

– ¡Estoy de acuerdo, Conde! Recibirás los papeles. ¿Puedo confiar en tu promesa?

Sin responder palabra, Ramiro tomó una hoja de papel y con mano firme escribió que él, Ramiro de Mornos, heredero de su padre y de don Fernando, se comprometía a pagarle quinientos mil reales a don Bartolomeo de Janto ese día que él y su padre tomaron posesión de las propiedades de don Fernando de Martínez.

Una hora más tarde, el "Silfide" levó anclas y zarpó de Cádiz.

En cubierta estaba Dolores, mortalmente pálida. Lágrimas pesadas corrieron por sus mejillas mientras su mirada nunca abandonaba la orilla hasta que desaparecía en la niebla.

Entonces la niña fue a su camarote y se rindió a la desesperación. ¡Pobre niña, que siempre ha vivido rodeada de amor en compañía de sus vecinos, acostumbrada a una protección constante! Se sentía perdida, sola y abandonada en medio del océano por un Bartolomé de "no sé qué", de quien desconfiaba instintivamente.

La niña no supo decir por qué, pero su único consuelo era la idea que estaba bajo la protección de Vasconcellos. No estaba cerca, ni podía estarlo; sin embargo, en sus tormentos, el alma de Dolores se volvió hacia la imagen del joven capitán. Un momento peligroso para ella y fatal para José, porque precisamente por eso había perdido para siempre el corazón de la chica que había elegido como compañera de vida.

En ese momento, el viaje a las Antillas tomó meses enteros. Las pequeñas dimensiones del barco y los encuentros diarios entre los dos crearon una intimidad peligrosa. Por tanto, sería muy natural que, entre dos criaturas jóvenes y hermosas, como Alfonso y Dolores, cuyos temperamentos y gustos coincidían, la simpatía inicial se convirtiera en amor. Con maliciosa satisfacción, don Bartolomeo pensó en José, al ver que don Alfonso conquistó el corazón de la niña:

– "¡Lo hubieras hecho mejor, idiota, si hubieras venido a Europa en persona, en lugar de jugar al sultán! Te juro por mi honor que te enamorarás locamente de esta inteligente y hermosa criatura, tan diferente de nuestras tontas y sensuales señoras. ¡Es demasiado tarde! ¡Por tu propia culpa, te perdiste el primer y mejor movimiento de amor de ese joven corazón! "

El tiempo pasó con monotonía y no trajo ningún cambio en la relación entre los jóvenes. Se acercaba el final del viaje, cuando sucedió lo inesperado: estaba a punto de caer una tormenta y, a pedido del capitán, los pasajeros bajaron al comedor. Apenas habían pasado quince minutos en alerta cuando un zigzag de fuego atravesó el cielo y una luz espeluznante iluminó la habitación. En el mismo momento, una ráfaga de viento escora el barco. Era el signo del comienzo de una tormenta que se desató con terrible fuerza. Los relámpagos y las tormentas eléctricas siguieron sin detenerse.

Acurrucada en los cojines del sofá, silenciosa, Dolores escuchaba los sonidos de la tormenta, el silbido del viento en los aparejos y los gritos de los marineros que maniobraban el barco. Pero sus pensamientos estaban en cubierta, con el capitán, que defendió con valentía ese frágil refugio contra la furia de la naturaleza.

Dolores no pudo contenerse y, tambaleándose, se dirigió hacia la puerta. Ligera como una gacela, en un instante alcanzó el mástil y agarró el aparejo, buscando a Vasconcellos con la mirada. Empapado, con la cabeza descubierta, tranquilo y decidido, el capitán dio órdenes a través del megáfono.

Los amantes tienen oídos muy atentos. Alfonso notó la presencia de Dolores y sus ojos de águila pronto encontraron la silueta blanca cerca del palo mayor. La tormenta amainó por un momento. Aprovechando la serenidad, el joven corrió hacia el mástil:

– Doña Dolores... ¡la señora aquí!

La joven le dirigió una mirada suplicante:

– ¡No quiero morir sola ahí abajo! ¡Permíteme quedarme aquí, don Alfonso!

– ¡Está bien! Como no tienes miedo y no quieres bajar al salón, ¡ven conmigo! – Dijo, después de un momento de vacilación –. Yo te abrazaré. ¡Si morimos, será la voluntad de Dios! – Alfonso la abrazó por la cintura para mantener el equilibrio y la condujo a su puesto de mando. Feliz, sin pensar en el peligro y sin notar que estaba empapada de pies a cabeza, la joven se acurrucó contra su compañero. Los sentimientos que conmovieron su alma inocente se reflejaron con tanta claridad en sus ojos que a Vasconcellos se le aceleró el corazón. Entregándose a ella, balbuceaba con pasión:

– ¡Dolores!

Luego se estremeció. Él continuó:

– Dolores, te amo. Te ruego que me permitas amarte y defenderte por el resto de mi vida.

Feliz y desesperada al mismo tiempo, escuchó esa confesión en medio del trueno de la tormenta.

– ¡Oh! Alfonso, yo también te amo más que a mi vida. Sin embargo, no espero nada de mi futuro. Me parecería el colmo de la felicidad dar ese paso que nos separa del abismo y morir en apoyo de camino en tus brazos; presionándome contra tu corazón – respondió ella, apenas audible.

– ¡Oh! ¡Qué terrible tentación se ha apoderado de ti, Dolores! ¿No sabes que el capitán de un barco solo tiene derecho a morir en tierra firme? Quiero vivir contigo, no morir. Quiero que me expliques la causa de tus pensamientos oscuros. ¡Ahora ve a la sala de estar!

Condujo a la niña a las escaleras. Luego, alegre y lleno de energía, regresó a su puesto.

Una hora después, la tormenta amainó. Los dos pasajeros estaban cenando en el camarote del capitán, que estaba de muy buen humor. Sirvió a los invitados ponche caliente y rodeó a Dolores con la mayor atención posible. En su tono de voz y en sus ojos, había la tierna intimidad de un novio.

Janto fingió estar sorprendido y le dio a la chica una mirada inquisitiva. Ésta se puso roja. Cuando se levantaron de la mesa, le dijo al gerente:

– Le pido, don Bartolomeo, que me deje a solas con el capitán Vasconcellos. Necesito hablar con él sobre asuntos serios.

Cuando Bartolomeo se fue humildemente, Vasconcellos llevó a la niña al sofá y, tomándola de la mano, dijo emocionado:

– ¡Dolores, revélame este misterio que te envuelve! Anhelas morir, no respondiste directamente a mi propuesta, y hablas con el gerente como si estuvieras disculpándote con este payaso. ¿Qué significa todo esto? Tengo derecho a saberlo.

Dolores palideció, murmuró algo incomprensible y de repente se echó a llorar. El sacrificio nunca le había parecido tan doloroso y odioso como en ese momento. Rechazar el amor de Alfonso, una felicidad tranquila, para casarse con un mulato rudo, que se había atrevido a ofenderla, incluso sin conocerla, le parecía que estaba más allá de sus fuerzas. Pero tenía que decirle la verdad a su amado.

Con voz quebrada de emoción, Dolores le contó sobre la ruina y la vida miserable de su familia, sobre su compromiso con los dos Duques de Suzá, las condiciones en las que don Fernando había aceptado ayudarlos, y sobre el inevitable escándalo. Vergüenza que esperaba a su padre y a sus hermanos si no recibían esa ayuda.

Mientras hablaba, una palidez terrible cubría el bello rostro de Vasconcellos. Triste y abatido, inclinó la cabeza.

– Si yo, personalmente, tuviera la posibilidad de liberar a don Pedro de esta situación, te diría: volvamos a España y pidamos la bendición de tu padre. Desafortunadamente, mi madre desperdició las posesiones de mi padre. Todo lo que tengo, incluido este barco, ni siquiera te da la mitad de la suma que necesitas. ¿Tengo derecho a evitar que hagas tu noble sacrificio y te hagas responsable de las desgracias de tus vecinos? No, no me atrevo a hacer eso. ¡Mejor intenta olvidarte de mí, Dolores!

– ¿Cómo? ¿Tú, Alfonso, me aconsejas que me olvide de ti? ¡No puedo amar a José, ese bastardo grosero que se jacta de su fortuna! Es mucho mejor que no me ames. ¿Qué, además del asco, me puede insinuar el amor de un negro?

Guardó silencio y cerró los ojos con las manos. Los celos intensos se apoderaron de su corazón. Mientras ella se sacrificaría, sofocada en los lazos de un matrimonio odioso, él, libre, hermoso y amado, seguiría su camino por el mundo y la olvidaría por otra mujer y se sentiría feliz.

Vasconcellos comprendió los sentimientos que torturaban a la niña, claramente reflejados en su rostro infantil. Una sonrisa amable, que no ofendería a la mujer más sensible, iluminó su rostro.

– Yo – dijo, inclinándose hacia Dolores –, todavía soy un marinero y nunca amaré a nadie más que a ti, Silfide, y al mar. ¡Te juro, Dolores, que ninguna otra mujer ocupará jamás tu lugar en mi corazón! Que sin duda perturbe tu doloroso, pero noble sacrificio, si Dios no nos une, a pesar de todas las barreras.

Capítulo 5

Todo transcurrió como de costumbre en la hacienda de Don Fernando durante los largos meses de ausencia de Bartolomeo. Don José cazaba y visitaba propiedades lejanas. Además, le gustaban las ciencias ocultas y las estudiaba con un viejo hindú, que se había encariñado mucho con él. Parecía que había olvidado por completo el motivo de la ausencia del gerente y el importante resultado para que las negociaciones tuvieran éxito. Pero, el olvido fue solo aparente. De hecho, una impaciencia febril se apoderó del joven. Solo el sentimiento de orgullo herido, mezclado con rabia y un vago miedo, apretó los labios cuando el padre empezó a hablar de la posible llegada de Dolores o de cómo se disgustaría si su hermano, ofendido por su propuesta, rechazara su ayuda y, con eso, la posibilidad de reconciliación.

Finalmente llegó la carta de Janto, en la que comunicaba el éxito de las negociaciones y el día de su partida con la joven Condesa. Al leer la correspondencia, un leve rubor se apoderó de las mejillas oscuras de José. Don Fernando ya estaba muy contento y concluyó que, si nada demoraba la salida y el viaje era tranquilo, Dolores debería llegar a Cuba en unas tres semanas.

– ¡Tendré tiempo de preparar todo para recibirla! – Exclamó el anciano emocionado.

Luego llamó al segundo gerente y se ocupó de elegir las habitaciones, los muebles y el personal para su sobrina. Con inusitado entusiasmo e interés, el anciano supervisó la decoración de las cinco habitaciones diseñadas para Dolores: una galería con columnas muy espaciosa que conduce a un gran salón, en medio del cual, desde una piscina de mármol, un chorro de agua fluye casi hasta el techo; sofás bajos tapizados en satén blanco se alineaban en las paredes. Las ventanas y puertas se cerraron con cortinas de la misma tela. Un verdadero bosque de cítricos, mitras y almendras, en macetas chinas y japonesas, llenaban la habitación. En medio de esos conjuntos aromáticos había una hamaca de seda con almohadas del mismo color. Delante estaba el enorme espejo que debía reflejar la graciosa imagen de quien se balancearía en ese ambiente de exquisito lujo.

Más adelante había un salón no muy grande que servía de biblioteca; luego el tocador, forrado de seda, con un espejo en cada pared y un pequeño bureau, cerca del cual había una piel de tigre en el suelo. Finalmente, se llegaba al dormitorio, todo blanco, un verdadero nido de seda y muselina con un tocador cubierto de encaje y una cama con cortinas, donde, por una irónica propuesta de José, colocaron el escudo de armas de la familia de Mornos, que representa una corona de nueve dientes.

José no participó en los preparativos, pero la imagen de su prima ocupaba cada vez más sus pensamientos. A medida que se acercaba el día de la llegada de la niña, una impaciencia mezclada con una extraña ansiedad y angustia se apoderó de él. Cuando José le preguntó al hindú Kakhla–Sarma qué consecuencias traería la llegada de su pariente, parecía haberse sorprendido por la predicción de las estrellas. Mirando al joven con una mirada extraña, declaró que la llegada de esa niña provocaría eventos que cambiarían totalmente su vida, pero omitió los detalles, diciendo que aun estaban ocultos por las nubes. De hecho, el propio José pensó que la predicción era natural, porque el matrimonio, sin duda, cambiaría profundamente su forma de vida.

Habían pasado cuatro días desde que el palanquín destinado a transportar a Dolores fuera enviado a la ciudad. Y cuando José regresaba del huerto, luego de inspeccionar las plantaciones, llegó corriendo un negro, enviado desde La Habana por don Bartolomeo, trayendo noticias que la Condesa y el gerente ya habían llegado y que solo anticipaba dos o tres horas frente a ellos.

La noticia causó una fuerte emoción en don Fernando. Sintiéndose mal, le propuso a José que saliera a encontrarse con su prima, pero este último, alegando cansancio y un fuerte dolor de cabeza, se dirigió a sus habitaciones. La ventana de su oficina daba al gran bulevar de palmeras. Dolores debía pasar para llegar a sus habitaciones. José se sentó junto a la ventana y bajó las contraventanas. Para engañar su impaciencia, trató de ocuparse de leer y luego dormir, pero no pudo. Sus ojos y sus pensamientos estaban fijos en el camino desierto y sombrío.

Finalmente, luego de una larga espera que pareció una eternidad, José vio aparecer en el callejón el palanquín que traían los porteadores, los negros escoltaban, y Bartolomeo a caballo, visiblemente cansado.

José no apartó los ojos curiosos de la pequeña procesión que pasaba a unos pasos de su ventana. Pero su curiosidad no quedó satisfecha. Las cortinas de seda verde del palanquín estaban completamente cerradas. Furioso por dentro, el joven abandonó su puesto de vigilancia.

– "Ella debe estar durmiendo. De lo contrario, por vanidad femenina, no resistiría el impulso de lucirse" – pensó.

Luego, pasando por una terraza, José se acostó en la hamaca y los sirvientes lo sacudieron.

Pronto don Bartolomeo se acercó a él.

Cuando supo por un criado que don Fernando no se encontraba bien desde la mañana, y que había tomado tranquilizantes y estaba durmiendo, don Bartolomeo buscó a José. Que incluso aquí, en su propia casa, no se había molestado en recibir a su futura esposa como el anfitrión que era.

– "¡Espera, bastardo! ¡Ella te enseñará a moverte, mientras que el destino mismo no te pone en tu lugar!" – Pensó el gerente.

Don José seguía en la hamaca con aire de aburrimiento y cansancio. Respondiendo con un asentimiento a la reverencia de Janto, rápidamente preguntó:

– ¿Entonces don Bartolomeo? ¿Por qué rodear a tu hada de tanto misterio? Vi por la ventana que todas las cortinas estaban cerradas.

– Esto fue hecho por orden de la Condesa.

– ¿Por orden? ¿Incluso da órdenes de vez en cuando? – Preguntó el joven irónicamente.

– ¡Siempre!

José se incorporó sobre un codo y en sus ojos entornados aparecieron chispas maliciosas.

– ¿Es verdad? Por favor, cuénteme los detalles de su viaje y sus negociaciones. No creo que fueran demasiado complicados – quiso saber el joven.

Don Bartolomeo, breve pero detalladamente, informó de todo lo sucedido en Toledo. Para concluir, sacó del bolsillo la joya que don Fernando le envió y la colocó sobre la mesa.

– Esto es y una cosa más que debo devolverle.

– ¿Por qué no le diste esta joya a mi prima? – Preguntó José, frunciendo el ceño.

– Doña Dolores se negó a aceptarla. Afirma que no entendí las instrucciones y que esta joya es parte de la suma pagada por su llegada – respondió Janto, fingiendo vergüenza –. Don Pedro tampoco la aceptó, diciendo: "Ya me pagaron con la suma que me diste. Entonces, devuélvele a Don Fernando esa pieza sobrante."

Don José se cayó sobre las almohadas. Su rostro bronceado se puso rojo.

– ¡Miserable! – Tartamudeó.

– Y, aun así, siguen siendo los orgullosos Condes de Mornos, que nadie les puede prohibir – observó el gerente, entregándole al joven otro estuche y su carta.

– ¡Oh! ¡Una carta! ¿De quién es? ¿Del Conde o de Ramiro? – Preguntó ansiosamente.

– ¡No, excelencia! Te devuelvo tu propia carta y el medallón con tu retrato.

– ¡Mi carta! ¡Y sin abrirse! ¿Qué significa eso? – Vacilante y avergonzado, Janto transmitió las palabras con moderación.

Fue agradable ver cómo Dolores había acompañado su negativa a leer el programa ganador de su futuro esposo.

Esta vez los ojos oscuros de José se abrieron de par en par y un rubor de ira cubrió sus mejillas. Con un fuerte golpe, tiró el libro que el negro aun sostenía, arrodillándose frente a él.

– ¡Animal! ¿No ves que estoy hablando y no leyendo? ¡¿Por qué me estás poniendo este estúpido libro debajo de las narices?! – Rugió el joven mestizo.

Desconcertado, el negro se apresuró a levantar el libro, pero José ya se había calmado.

– ¡Adelante, don Bartolomeo! Todo esto es muy divertido. Pero, todavía veo en tus manos un pequeño paquete. Espero que los orgullosos de Mornos no devuelvan el dinero de sus viajes.

– Debo confesar que fue Don Ramiro quien pagó el viaje al Capitán Vasconcellos.

– ¡¿Vasconcellos?! – Su frente se arrugó –. Me parece que ya conocí a este señor en la casa de Olivero. Es mitad marinero, mitad pirata. Podrías elegir un barco más seguro para transportar a mi prima y un capitán con una reputación más sólida. De hecho, lo que se hace no se puede corregir.

– "Silfide" es un barco excelente. Ningún otro podría ofrecer a Doña Dolores tanto lujo y comodidad. Pero permítame, don José, terminar mi informe entregándole otro estuche que, como ya he tenido el honor de decirle, contiene su retrato.

– Extraño no se lo ha dejado a la prima. Por cierto, ¿qué dijo cuando vio el retrato?

– Ella no lo vio, señor.

– ¿Cómo que no lo vio? ¿Arruinaste el relicario? ¡Eso sería lamentable!

– Ella no quiso verlo, señor. Con palabras secas y desdeñosas, dijo cosas que prefiero no decirle.

– ¡No, no, habla! Es muy interesante conocer la opinión de esta orgullosa Cenicienta.

Cuando Janto repitió las palabras despectivas de Dolores, un escalofrío de ira recorrió el cuerpo de José.

– ¡Qué atrevida! – Exclamó enojado. Pero cuando se encontró con la mirada traviesa de Bartolomeo, se calló, lleno de desconfianza.

Bartolomeo se fue. Cuando se encontró solo en el camino que conducía a su casa, no tuvo que ocultar su expresión cáustica y burlona.

– "José ni siquiera ha visto a Dolores todavía y ya está celoso de Vasconcellos. ¡Qué curioso! ¡Pero qué instinto de rivalidad! Veo que vamos a tener buenas historias por aquí. Solo me temo que será difícil parar la boda si el anciano no se apresura a morir."

Absorto en sus pensamientos y los planes que estaba haciendo, el gerente se fue a casa. Después que Bartolomeo se fue, José despidió a los esclavos y les prohibió molestarlo hasta que él los llamara. En una agitación nerviosa, comenzó a pasear por la terraza. Todo lo que había oído irritaba e intrigaba al mismo tiempo. La ira lo instó a humillar a Dolores y sus familiares. A pesar de la propuesta, despreciaba a Dolores por la rapidez con la que había aceptado ir a conquistar su corazón. Ahora, sabiendo que no había leído su carta y no se había dignado a mirar el retrato, convencida de su belleza, sin duda habría tenido la intención de encantarlo y luego responder a la ofensa con ofensa.

La curiosidad de José fue tan grande que sofocó su ira y su autoestima herida. Cogió su sombrero de paja, llamó a Rex y se dirigió decididamente a las habitaciones de Dolores.

En el camino se encontró con la camarera que, con aspecto preocupado, corría con muchas cosas en las manos.

– ¿Dónde está tu dama, Sara? – Preguntó José.

– La Condesa se cambió de ropa y ahora está en su "boudoir" – respondió la niña, inclinándose ante el jefe.

José despidió a la criada con un gesto de la mano y ella desapareció rápidamente.

"La saludaré y la llevaré a ver a papá. Tengo mucha curiosidad por ver a esta Condesa" – Pensó José, subiendo las escaleras hacia la terraza de las habitaciones de Dolores.

No había nadie en la terraza ni en la galería acristalada. En el gran salón, donde la fuente burbujeaba suavemente, José vio la silueta femenina acostada en la hamaca.

El joven se detuvo y le indicó a Rex que no gruñera. Luego se acercó en silencio sin apartar la vista del extraño, inmóvil, con los ojos cerrados en la hamaca.

"Está durmiendo. Significa que cuando se despierte, no podrá fingir", fue el primer pensamiento de José.

Cuanto más miraba José a la extraña, más fuerte latía su corazón. ¡Entonces, esta era la que se suponía que iba a ganar su corazón! No se parecía en nada a las hermosas cubanas, sus compatriotas. Si Dolores supiera que salió victoriosa, le haría pagar cruelmente por la ofensa que sufrió.

José se volvió y, al salir de la terraza, cayó sobre la banca. Una extraña sensación de dolor y tristeza lo invadió de nuevo. Parecía ser un presagio de alguna desgracia. Pero ¿era posible que esta encantadora niña representara esa fatal predicción?

Un grito agudo interrumpió los pensamientos del joven. Dolores, mortalmente pálida, cruzó corriendo la terraza, perseguida por el tigre. Rex imaginó que su dueño lo había llevado para proteger a la niña dormida y luego colocó su pata en el pecho de la niña. Sintiendo, a pesar del peso en el pecho y la respiración ruidosa del animal, Dolores quiso levantarse. Pero cuando vio los ojos verdes y el hocico de la bestia ensangrentada a dos dedos de su cara, se asustó. Deslizándose de su hamaca, salió corriendo a la terraza como un ciervo en persecución. La emoción era demasiado fuerte para ella. Dio unos pasos vacilantes y su mirada pasó por encima de la figura de un hombre desconocido. Luego se tambaleó y se habría caído al suelo si José no la hubiera apoyado.

"Si crees en las predicciones, ¿qué significa eso?" – Pensó José, llevándola a la banca.

El desmayo de Dolores no fue profundo. A los pocos minutos se recuperó y abrió los ojos. Primero, su mirada perdida pasó por el rostro del hombre inclinado sobre ella. De repente comprendió que estaba en el regazo de un desconocido. Ruborizándose de vergüenza e indignación, se liberó de los brazos de José.

– ¡¿Quién eres tú?! ¿Un simple descarado o salvaje? – Preguntó ella con una mirada ardiente.

El joven también se levantó.

– Permítame presentarme, doña Dolores. Soy tu humilde servidor y primo, José de Martínez – dijo con profunda reverencia.

Dolores palideció. Con una mirada rápida y enojada, midió al hombre que se suponía que debía conquistar y del que dependía la salvación de parientes. Sin duda era un hombre alto, guapo y bien formado. Su rostro, ligeramente bronceado, tenía rasgos finos y regulares. Los delicados labios rojos y los fríos ojos castaño oscuro indicaban un temperamento cruel y orgulloso. Estaba vestido con un traje de seda, ceñido con un pelaje rojo. Haciendo una reverencia a su prima, levantó ligeramente el sombrero de paja que cubría su cabello corto.

"Siendo heredero de tantos millones, probablemente no le resulte necesario quitarse el sombrero delante de una mujer" – pensó Dolores.

La primera impresión que José le dio a Dolores no le fue favorable.

– ¡Ah...! ¿Es usted? Esperaba de usted mayor delicadeza, señor de Martínez.

El tono en el que se dijeron esas palabras hizo que José se sonrojara. Pero la niña ya estaba mirando al tigre que descansaba pacíficamente en la alfombra.

– ¿Es un tigre domesticado? Lástima que no lo sabía antes.

¡Me aterrorizó!

Dolores hizo un gesto cariñoso, el tigre entendió, se acercó a la niña y comenzó a apoyarse contra ella como un gato. Sin embargo, se percibió que el terrible animal inspiraba poca confianza en ella, porque se estremeció cuando el tigre lamió su mano.

A José le sorprendió esa buena relación. Por lo general, Rex expresaba su disposición a algunas personas y nunca a primera vista. El joven se sintió avergonzado y no supo qué decir. Enojado consigo mismo, le propuso a Dolores que visitara a don Fernando, que estaba ansioso por verla.

– ¿Su padre está enfermo? – Preguntó ella.

– No, tenía una ligera indisposición.

– Entonces, ¿por qué no satisface sus ganas de verme? Pero... ¡vamos! Siempre olvido que estoy en un país donde las nociones de cortesía se invierten.

Don Fernando estaba a punto de ir a ver a su sobrina cuando ella apareció acompañada de José, al ver a un miembro de la familia que había abandonado, la viva imagen de una mujer a la que había amado con locura provocó una fuerte emoción en el anciano hacendado. Pálido y temblando, se reclinó en su silla. Luego abrió los brazos y abrazó a Dolores, balbuceando tiernamente:

– ¡Bienvenida, querida hija! Siéntete como en casa bajo el techo de tu viejo tío.

Cuando vio al anciano débil y sufriente, que hablaba con tanta cordialidad y sinceridad, la mirada de Dolores perdió su expresión fría y hostil. Una sonrisa amable y alegre, que combinaba tan bien con sus rasgos infantiles, iluminó el rostro de la joven. Ofreciendo su rostro al beso de don Fernando, ella respondió:

– Te agradezco, tío, tu cordial recepción. Espero que Dios quiera nuestro bienestar.

Con esas últimas palabras, sus ojos se llenaron de lágrimas; pero rodeado de tanta alegría, don Fernando no se percató de la emoción de Dolores.

José estaba un poco alejado y empezó a jugar con un mono, tirando de su cola para hacerlo gritar. Un sentimiento doloroso y amargo se apoderó de su corazón. Por dentro le dolía ver la simpatía filial de Dolores y escuchar la conversación animada y amistosa entre ella y su padre. Le irritaba la idea que en su padre veía no solo a un pariente, sino a una aristócrata nata. Todos esos Condes, Duques y Marqueses le eran ajenos, y seguramente cada uno de ellos podría arrojarle a la cara las despectivas palabras del Conde de Mornos: "En nuestro salón no hay lugar para un bastardo de color."

Rendido a esos sentimientos, el joven no se unió a la conversación.

Al día siguiente, Dolores se sintió más fuerte y tranquila. Como se suponía que todos se reunirían solo para la segunda comida, la joven decidió encargarse de su instalación en la nueva casa y le ordenó a Sara que ordenara su guardarropa. Mientras ella la veía desplegar los vestidos y los abrigos y ordenar la ropa de cama, las telas y los encajes, Dolores conversaba con la criada negra, porque le gustaba mucho y estaba complacida con su cuidado y benevolencia.

Sara fue muy comunicativa. Feliz con la bondad de su nueva ama, parloteaba incesantemente y comunicaba a la joven Condesa todas las novedades, no solo de su hacienda, sino también de las haciendas vecinas.

Dolores se rio con todo su corazón. Luego, emocionada, agarró su mantilla y se dirigió a la gran terraza, donde, según Sara, ya estaba servido el almuerzo.

La joven advirtió que don Fernando miraba con impaciencia la puerta por la que se suponía que debía entrar. José, un poco alejado, estaba leyendo. Dolores lo saludó, pero estaba tan distraído por la lectura que ni vio ni escuchó.

– ¡José! – Gritó su padre en voz alta, todo sonrojado.

– Por el amor de Dios, tío, no molestes al señor José, ya que tiene esta rara habilidad para abstraerse. Debe imaginarse en un bosque virgen – dijo Dolores irónicamente, queriendo saber, por la reacción del joven, si realmente estaba tan absorto en la lectura.

Por el leve temblor de labios y manos de su primo, Dolores comprendió que la falta de cortesía había sido deliberada. Esto le pareció tan ridículo que se echó a reír. La risa fue tan inesperada que José levantó la cabeza y se sonrojó. Don Fernando comentó con amabilidad:

– ¡Pero qué niña eres todavía, Dolores!

Durante el almuerzo, Dolores pidió permiso para ver las cabañas; y don Fernando, con una sonrisa, consintió. Además, le pidió que visitara la galería de mujeres de vez en cuando y se hiciera cargo de la supervisión de los trabajos de artesanía, ya que contaba con su buen gusto para elegir nuevos diseños. La joven, feliz de tener una ocupación, agradeció calurosamente al tío. Ella notó que esta propuesta no había complacido a José, pero como él no tenía objeciones, se alegró de su disgusto.

Tan pronto como terminó el refrigerio, Dolores hizo que Sara la llevara a la galería de mujeres, un edificio alargado donde más de doscientas mujeres negras y mulatas se sentaban en hileras tejiendo, bordando, cosiendo y encajando. Al final de la sala larga, en una pequeña plataforma, estaba sentada la supervisora a quien Dolores había visto en el almuerzo el día anterior.

En ese momento vestía ropa brillante y muy llamativa, y ahora vestía ropa interior sucia e indecente. A pesar de su disgusto, Dolores la trató con amabilidad. La mulata se llamaba Gilda. Cuando ésta se enteró que don Fernando le había dado a la recién llegada la supervisión de todo el trabajo de las mujeres, su actitud se volvió exageradamente halagadora, incluso desagradable. Le dio a Dolores su silla y comenzó a servirle frutas exóticas. Cantó himnos a la belleza, bondad y virtud de Dolores, quien al escuchar esos cumplidos apenas pudo contener la risa.

Dolores también visitó las aldeas de esclavos, que estaban alrededor de la hacienda. Entró en las chozas, habló con las mujeres y los ancianos, y atendió a los enfermos, como había aprendido la medicina popular de doña Ximena. Distribuyó frutas y dulces entre los niños. Incluso se convirtió en madrina de algunos de ellos. Trató de utilizar su creciente influencia sobre Don Fernando a favor de sus protegidos. Todos la amaban.

Había pasado un mes desde que llegó Dolores, y en toda la hacienda no había un negro cuyo rostro no se iluminara con una sonrisa feliz y agradecida al verla. Todos vieron en ella un ángel del bien.

Don Fernando se encariñó cada vez más con su sobrina, cuya encantadora personalidad e inteligencia lo excitaba y distraía. Dolores había traído con sus libros recientes de Europa, y después de la cena, cuando todos se reunieron, ella y José se turnaron para leer en voz alta.

La relación entre los jóvenes era muy tensa y todavía no se había dicho una palabra sobre el matrimonio. José sintió el disgusto de su prima, a pesar de la amabilidad y cortesía con que ella lo trataba. Este sentimiento se hizo más doloroso, porque Dolores, cada hora, le encantaba más y más. Él mismo no era consciente del alcance de su implicación, más inflamado por las alusiones de Bartolomeo a su gran amistad entre tu prima y el apuesto capitán durante el viaje. Por vagos que fueran, fue suficiente para provocar toda una tormenta de celos en el alma del joven.

Vano y orgulloso de su riqueza, en el fondo siempre fue humillado y amargamente torturado por sus despreciables orígenes. Los roces constantes entre los jóvenes agravaban la atmósfera que se había creado. Un día, José le envió a Dolores algunos artículos de tela cara como regalo y ella se los devolvió a través de Sara, José estaba tan furioso que casi mata a la camarera.

– ¡Oh, qué asustada estaba! – dijo Sara cuando regresó, temblando de pavor –. Pero por suerte, todo salió bien. Ahora puede darle esta canasta a su querida Gilda.

– ¿Por qué Gilda? – Preguntó Dolores sorprendida.

Sara se sonrojó, murmuró algo incomprensible, pero terminó confesando que Gilda era la amante de don José y también la amante de Don Janto.

– ¡Dios mío! ¿Por qué tienen el mismo amante? ¡Parece que las mujeres de la hacienda no faltan! ¿Y cómo puede a Don

José gustarle una criatura tan sucia y vieja? – dijo Dolores, palideciendo de disgusto y asombro.

– Eso es un misterio para todos. La relación ha durado cinco años – dijo Sara.

– Significa que Don José era todavía un adolescente cuando cayó bajo su hechizo – observó irónicamente Dolores.

– ¡Sí! Pero debo decirle, mi buena señora, que Gilda es toda una bruja. Sabe tanto encantar como sacar un ojo. En la hacienda nadie duda que ha embrujado a don José y don Bartolomeo, porque ambos la obedecen y le perdonan todas sus faltas. Ella es malvada como un diablo y celosa como un tigre. La mala suerte que le gustó a don José.

– ¿Qué pasa con los que caen en esta desgracia? – Preguntó la joven, presa de un sentimiento desagradable.

– ¡Ellos mueren! – Respondió Sara en voz baja.

La conversación causó una fuerte impresión en Dolores. A la aversión que le inspiraba José se sumaba la desconfianza y el disgusto. ¿Se convertiría en una rival y víctima de esa criatura inmunda y criminal al casarse con el joven hacendado?

José ni siquiera sospechaba de los nuevos sentimientos que provocaba en su prima, solo le intrigaba la extraña mirada con la que ella lo miraba, cuando lo sorprendía hablando con Gilda. El joven se puso cada vez más nervioso, su frialdad e impasibilidad habían dado paso a la agitación y se había vuelto más difícil mantener la máscara de altiva indiferencia frente a la gente. Ni siquiera se dio cuenta de cuánto se reflejaba su estado de ánimo y actitud en su relación con Dolores.

Una mañana, José necesitaba transmitirle algo a Janto. Luego, en su camino de regreso de las plantaciones, fue a la casa del gerente, ató su caballo al poste del porche y entró sin ceremonias a su habitación. En lugar de Bartolomeo, encontró a

Gilda. Estaba sentada en el escritorio y examinaba un sobre medio rasgado con tanta atención que ni siquiera se dio cuenta de la llegada de su amo.

– ¿Qué haces aquí? – Preguntó José.

La mulata se estremeció. Su mirada aguda y sospechosa pasó por encima del hablante. Entonces ella respondió:

– Este sobre se rompió por accidente y estoy tratando de arreglarlo. Es una pena, porque la carta es de doña Dolores. Hizo que Sara se la diera a Janto para que, junto con otro correo, pudiera llevarlo al puerto. Si doña Dolores se entera de esto, se enfadará y podrá imaginarse Dios sabe qué.

Dándole una bofetada a Gilda, José tomó la carta con la intención de meterla en un sobre nuevo. Sin embargo, la tentación de leer lo que había escrito Dolores lo venció y la abrió.

Fue una correspondencia de Dolores a su padre, donde, en detalle, describió a José, su temperamento y su carácter. No escatimó pintura y el retrato de José salió muy vivo, pero repugnante, aunque muy parecido al original. La descripción estaba imbuida de un escandaloso desprecio por José, el desprecio de un altivo aristócrata por un hombre de sangre mestiza.

Ahogándose de furia, José leyó la carta hasta el final.

– ¡Espera, hermosa Dolores! – Exclamó –. Arreglaste las cuentas sin el jefe. ¡Si no te conviertes en mi esposa, mi padre no te dará un doblón[9]! ¡Eso te lo garantizo! En cuanto a mí, más que nunca quiero tenerte; pero te haré, mendiga orgullosa, suplicante de mi amor. Y esta carta nunca llegará a Toledo. Lo

---

[9] Doblón – Moneda de oro que circuló en las antiguas colonias de España.

guardaré como prueba, como escudo contra la debilidad, si algún día tus ojos de zafiro tienen demasiado poder sobre mí.

La loca rabia dejó a José sin fuerzas. Se acostó y envió un mensaje que no iba a almorzar. Don Fernando llegó entonces a toda prisa para averiguar qué había sucedido con su mascota, pero cuando vio que no había nada grave, lo dejó solo. Aunque José no apareció durante tres días seguidos, nadie lo molestó.

Finalmente, al cuarto día por la mañana, el joven salió de su alojamiento. Dolores había ido a la iglesia y, aprovechando su ausencia, José decidió ir a su habitación. Pensé que encontraría más cartas allí con referencias a él.

Pasó por el salón y la biblioteca sin encontrarse con nadie; se detuvo en el "Boudoir" y rebuscó en el escritorio, sin éxito. Las búsquedas en el dormitorio fueron más felices: en la mesita, en un libro abierto, había un grueso cuaderno de tapa dura con la inscripción "Mi diario."

El hallazgo hizo a José tan emocionado que se olvidó que estaba en el territorio de otra persona. Mientras se sentaba en el sillón, abrió el cuaderno y comenzó a leer. Estaba absorto y no se dio cuenta que la puerta del vestuario se había abierto y allí estaba Sara, de pie, maravillada por la presencia de su jefe. De repente, la criada entendió lo que estaba pasando y, corriendo hacia la mesa, gritó:

– ¡¿Qué está haciendo, don José?! No puedo permitir que toque el diario de doña Dolores.

José, sorprendido, levantó la cabeza y la miró con desprecio.

– Eres tú, idiota, ¿quién decidirá qué permitir o prohibir para mí? ¡Fuera de aquí! Si te atreves a decirle una palabra a mi prima sobre lo que viste, ¡pagarás por esa lengua suelta con tu espalda!

Pero la desesperación le dio valor a Sara.

– ¡No, no! ¡Dame ese cuaderno! ¡Es el diario de doña Dolores! ¡Se enfadará mucho si se entera que lo leíste! – Ella gritó.

– ¡No es de tu incumbencia, imbécil! ¡Guardo el cuaderno aquí y seguiré leyendo! Si te atreves a hacer un movimiento más, ¡te estrangularé!

– ¡Puede estrangular! ¡Ayúdenme, ayúdenme, ladrón! – Gritó, saliendo corriendo de la habitación.

Enfurecido y sobresaltado, José tiró el cuaderno y se fue.

– ¡Espera, animal! Pagarás caro este atrevimiento – murmuró, apresurándose a su habitación.

A pesar de su enfado con la negra, el joven no tenía forma de castigarla por no dejarlo cometer esa imperdonable indiscreción. José entendió esto y, a pesar de su irritación, debería permanecer en silencio por el momento.

Capítulo 6

Pasaron unas tres semanas. La relación entre José y su prima se mantuvo tan fría y tensa como antes. Sentimientos conflictivos como la ira, los celos y la pasión asaltaron el alma del joven, pero mantuvo su apariencia gélida.

Por el profundo amor que le inspiraba su sobrina, don Fernando decidió enviar de inmediato la suma necesaria a su hermano e invitarlo a visitar Cuba para presenciar la boda de sus hijos. Para gran sorpresa del anciano, su plan se encontró con la furiosa oposición de José. Con una amargura que don Fernando no pudo comprender, el joven le suplicó a su padre que no enviara nada al Conde de Mornos hasta que se realizara el matrimonio o, por lo menos fuese decidido.

La causa de la furia de José fue la infortunada carta de Dolores que siempre estuvo con él y cuyo susurro le bastó para hacer hervir la sangre. Además, en esa carta habló de su conexión con Gilda. El conocimiento de ese hecho lo hacía despreciable y miserable a los ojos de Dolores. Lo entendió y le dolía por dentro. ¿Quién se había atrevido a decirle a Dolores que Gilda era su amante? Entonces, decidió hablar de ello con la mulata.

– Ciertamente alardeas ante todo el mundo que eres mi amante – dijo –. De lo contrario, ¿cómo podría Dolores saber eso? ¡Si sé que fuiste tú quien se atrevió a esparcirlo, haré que te azoten y se te saldrá la grasa de la espalda! – La amenazó.

La mulata rompió a llorar y se cerró la cara con el delantal. Pero a través de sus dedos miraba al joven con su mirada cáustica.

– ¡Pobrecito, desgraciada de mí! ¡Otros pecan y yo debo pagar! – Gritó ella.

– ¡¿Otros?! ¿Quiénes son estos otros? – Preguntó José, inquieto.

– ¿Quién? Evidentemente es Sara. Esta chismosa desvergonzada, la doncella de doña Dolores, que le cuenta todo. A través de su novio Scipión, se entera de todo lo que pasa en la casa.

José se calmó. Las astutas palabras de la musaraña dieron una nueva dirección a sus pensamientos. Era una excelente ocasión para ajustar cuentas con la camarera por no dejarlo leer el diario de Dolores y, al hacerlo, vengarse de su prima por sus miradas despectivas, sonrisas irónicas y altiva indiferencia hacia él.

José regresó a sus habitaciones tranquilo y llamó a Sara. Se puede imaginar el terror de la negra cuando él, severo y enojado, comenzó a reprocharle por espiar a su jefe y, además, por haberse atrevido a empañar los oídos de doña Dolores con ese chisme escandaloso, cuya veracidad ella no pudo probar. Por mucho que juró su inocencia y que no le había dicho una palabra a su ama sobre él y Gilda, José ni siquiera quiso escuchar.

– Te enseñaré a usar tu lengua suelta y mentirosa con más discreción y cuidado – dijo –. Mañana recibirás veinticinco latigazos. Apuesto a que después de esta lección, serás muda como una tumba.

Con un grito de terror, Sara cayó de rodillas. En vano rodó por el suelo suplicando piedad, besándole los pies y bañándose en lágrimas. José permaneció implacable y le dijo que se fuera.

Cuando Sara, tambaleándose, se puso de pie, añadió con aire muy significativo:

– No lo olvides, si le dices a tu ama que te están castigando te doblarán las pestañas. Por tanto, sé prudente en tu desesperación.

Dolores se asustó terriblemente al enterarse del vergonzoso y cruel castigo impuesto a su doncella. La primera idea de la joven fue correr hacia su tío y conseguir el perdón de Sara. Pero, para su gran disgusto, don Fernando, que se encontraba enfermo desde la mañana, había tomado tranquilizantes y estaba en la cama. Sabía que, en estos casos, él solo se despertaría al día siguiente y sería demasiado tarde, porque la camarera todavía sería llevada por la noche y castigada muy temprano en presencia del propio José.

Enérgica como siempre, Dolores decidió apelar directamente a su primo. A pesar de su aversión hacia él, corrió a las habitaciones de José, que estaban en la terraza. Por ligeros que fueran sus pasos, los escuchó y, sorprendido, preguntó:

– ¿Eres tú, prima?

– Sí, soy yo. Vine a preguntar por qué me quitan a la sirvienta para torturarla y dejarme sin sirvienta. – dijo Dolores, roja de indignación.

– Se la llevan y la castigarán porque tiene la lengua demasiado larga y las orejas demasiado curiosas – respondió José.

Al ver el asombro de la joven que probablemente no lo entendió, agregó, queriendo evitar aclaraciones desagradables:

– Si recibes un castigo, es porque te lo mereces. No te irrites por esas nimiedades. Mañana te la devolverán.

– ¡Sí, desfigurada y enferma! ¡No admito esta crueldad! No puedo creer que haya hecho algo que merezca un castigo tan terrible. Te lo ruego, José – ella se acercó a él y le tomó la mano – ¡sé amable, perdona a la pobre muchacha!

Al encontrarse con la mirada húmeda y suplicante de esos ojos azules, José sintió que su corazón se ablandaba y se llenaba de un nuevo sentimiento, desconocido para él. Y estuvo a punto de abrir la boca para disculparse con Sara cuando de repente, en su cabeza, rápido como un relámpago, el recuerdo de la infortunada carta y el severo juicio expresado en ella por el peticionario lo atravesó como un relámpago.

Se levantó como mordido por una serpiente. Avergonzado de su debilidad ante esa mujer que lo despreciaba, respondió en tono severo:

– Siento mucho tener que rechazar tu solicitud, prima. Esta joven merece un castigo y será castigada. De hecho, te estaré muy agradecido, Dolores, si no te involucras en los asuntos que ya decidí.

Un fuerte rubor cubrió las mejillas de Dolores. Sin decir una palabra, se dio la vuelta y se alejó de la terraza. Estaba indignada y sorprendida al mismo tiempo. Era demasiada mujer para no haber leído en los ojos de José lo cerca que estaba de la victoria. Se rompió el cerebro, tratando de averiguar qué había provocado su repentina hostilidad. Pero, todo tu razonamiento no condujo a nada. ¿Cómo podía haber adivinado que su carta, que ya no recordaba, estaba en manos de su prima?

Dolores, disgustada, no pudo dormir en toda la noche. Por la mañana, ensilló el caballo y voló al pueblo, donde Sara sería castigada. En la plaza, rodeada de chozas, había una multitud de negros, los capataces, José y Janto. Detrás de ellos, de rodillas, Scipión se golpeó la cabeza contra el suelo, que, por supuesto, solo una calavera negra podría soportar. Su rostro estaba hinchado, lleno de lágrimas, suplicando en vano a su amo que tomara los veinticinco latigazos en lugar de su novia.

Entonces trajeron a Sara, llorando; le quitaron la ropa y la ataron al poste. En ese momento, había un caballo al galope y Sara y Scipión dieron un grito de alegría. José se volvió rápidamente. Cuando vio a Dolores, se sonrojó y sus ojos nunca dejaron a la niña, que nunca le había parecido tan encantadora como en ese momento. Su escolta, Eleazar, saltó de su caballo y ayudó a su ama a bajar de la silla. José notó en los ojos del joven mulato una gran adoración y una enorme rabia, y los celos se apoderaron de todo su ser.

– ¿Qué quieres aquí, prima? – Preguntó enojado.

– ¡Quiero rogarte una vez más misericordia y perdón para esta chica! – Respondió Dolores con lágrimas en los ojos, extendiendo las manos unidas.

Luego hubo un silencio de muerte. La mirada de todos estaba dirigida a la joven, a quien los negros de la plantación ya habían adorado durante mucho tiempo como su protectora y genio de la bondad. José sintió de nuevo que se estaba debilitando. Resistiendo ese sentimiento, le gritó con voz ronca a un negro que estaba parado cerca del poste con un látigo levantado:

– ¡Dale!

Éste vaciló por un momento, luego el primer latigazo fue lanzado a la camarera, quien gritó desesperadamente. Dolores palideció y cerró los ojos. Scipión se lanzó sobre ella y, besándola en las rodillas, le suplicó que no dejara a Sara. La joven, instintivamente, colocó su mano sobre la rizada cabeza del negro. En ese mismo momento, otro grito, aun más aterrador, sacudió todo su cuerpo. Unos celos inconscientes se apoderaron de José cuando vio que alguien se atrevía a tocar a Dolores. Levantó el látigo y corrió hacia Scipión gritando, fuera de sí:

– ¡Animal! ¿Cómo te atreves a hostigar a la Condesa y perturbar la ejecución del castigo?

Dolores vio alzarse el látigo y el rostro del hacendado ojeroso de rabia. Instintivamente, extendió la mano para agarrarlo del brazo y así protegió la espalda de Scipión. Un latigazo duro cayó sobre ella, rasgando el pañuelo de encaje, haciendo un surco ensangrentado sobre su delicado hombro.

Al ver la sangre que tiñó el vestido blanco de Dolores, José recobró el sentido. Por un minuto se quedó paralizado, mirando a la chica, terriblemente pálida. Tenía los ojos cerrados y parecía que estaba a punto de caerse. El único grito de Dolores congeló a todos. El incidente no duró más de un segundo. Al ver a Dolores tambalearse y caer sin sentido, José se olvidó de todo. En un abrir y cerrar de ojos estaba a su lado, abrazándola.

– ¡Desata a esa idiota! ¡Y vete al infierno! – Gritó, tomando a Dolores en sus brazos y llevándola a una banca –. ¡Agua y gasa! – Ordenó.

José inmediatamente lavó la herida, la vendó y, con el pañuelo que usaba como cinturón, hizo un cabestrillo para el brazo lesionado de Dolores. Tan pronto como terminó la operación, Dolores abrió los ojos. Sus labios leen desprecio y odio. Empujando al joven, trató de levantarse, pero estaba débil y no podía. En ese momento, Sara, bañada en lágrimas, se le acercó.

– ¡Fuera de aquí, miserable! ¡Y vete a casa antes que lleguemos! – Dijo José –. Y tú, prima mía, permíteme ponerte en la silla. Desafortunadamente, no hay palanquín aquí, y si lo pedimos, tomará mucho tiempo. Cabalgaremos despacio y yo te abrazaré.

Para llegar a las habitaciones de Dolores era necesario pasar junto a la terraza de don Fernando. El viejo hacendado ya se había levantado y estaba tomando café. Al ver una extraña procesión, llamó a José, quien tuvo que detenerse y ayudar a su prima a bajar del caballo.

– ¡Dolores, mi querida niña! ¡¿Qué sucedió?! – Gritó, aterrorizado, al ver a la chica subiendo las escaleras tambaleándose y notando un vendaje ensangrentado en su hombro.

– Nada, tío. Tuve la negligencia de proteger a mi camarera Sara de don José, a quien había ordenado azotar. Entonces, para variar, también me castigó por mi incómoda intrusión. Fue grosero conmigo y...

Ella no había terminado su desagradable broma. Le dio vueltas la cabeza y, por debilidad y emoción, perdió el conocimiento. Don Fernando le dio a su hijo una mirada que don José nunca había visto en su vida.

– ¡¿Qué?! ¡¿Te has vuelto tan loco?! – Preguntó don Fernando, sosteniendo a su sobrina y mirando a su hijo con asombro y rabia.

Este último, atendiendo a Dolores, intentó justificarse y explicar el accidente. Finalmente, la joven, aun inconsciente, fue llevada a su dormitorio. El hindú fue llamado para hacerle compañía a la Condesa. Este caso, evidentemente, no pudo favorecer la relación entre los jóvenes y supuso un gran dolor para don Fernando. Durante dos semanas Dolores no salió de sus habitaciones hasta que, completamente curada, apareció a la hora del almuerzo. Entonces la vida tomó su curso habitual. Pero más que nunca mostró frialdad y altivez hacia su primo, apenas ocultando su hostilidad. Fueron dos las causas de ese comportamiento: la primera fue la carta de su padre, en la que describía una serie de molestias y dificultades financieras que el banquero rechazado le había arreglado, quien en su afán de venganza unió a todos los prestamistas en su contra. El segundo fue la iniciativa de don Fernando que, con un arrebato de lástima, pudo acabar con ese deshonor y esa miseria y que pudo haberlos ayudado mucho tiempo atrás, pero que siguió arrastrándose por culpa de su hijo. Tal impasse llenó de rabia el corazón de la joven por José.

Así pasaron diez días. Atormentado por la ira, los celos y su pasión secreta, José a veces trataba de encontrar a su prima, a veces la evitaba.

Un día, justo antes del almuerzo, entró en la sala de estar y Dolores estaba sentada en un sofá, jugando con su mono mascota. La joven respondió al saludo de su primo con un asentimiento. Casi de inmediato, se levantó y se fue. José, apenas conteniendo su enojo y amargura, se dejó caer en el sillón junto a la ventana y trató de leer. Estaba tan absorto en sus pensamientos que no solo olvidó el libro abierto en sus manos, no lo vio, ni escuchó a Dolores regresar a la habitación. De repente, un grito ronco de la joven lo devolvió a la realidad. Se volvió rápidamente y se quedó quieto, como paralizado. La sangre se le subió a la cabeza tan rápidamente que su visión se volvió negra.

No se sabe si José había perdido su billetera o si el mono se la había sacado del bolsillo. El caso es que el maldito animal estaba sentado en el sofá con un escritorio en el regazo y sosteniendo una carta en sus patas como si la estuviera leyendo, imitando a José ¡Era la carta fatal de Dolores!

Pálida, la joven miró al mono. Luego, con un rápido gesto, arrancó la carta del animal. Mientras recorría el papel con la mirada y se estremecía con todo su cuerpo, se volvió hacia el inmóvil y mudo José.

– ¡No me equivoqué! – Dijo, mirando a su primo con una mirada de desdén –. Solo un bruto rico puede cometer tal acto, digno de un lacayo.

José se levantó como un muñeco de primavera. El tono y la mirada de la chica tuvieron el efecto de una bofetada en él. Enojado, arrogante, acostumbrado a la adoración de todos, desbordado de rabia, que había borrado su razón, no recordaba que solo era culpa suya. Con la cara ardiendo, avanzó hacia su prima:

– ¿Olvidas el contenido de esa maldita carta que cayó en mis manos por casualidad? – Preguntó con voz ronca –. La burla y la opinión "muy halagadora" que reveló demuestra tu agradecimiento a la familia anfitriona.

– ¡¿Gratitud?! – Repitió Dolores con una expresión indescriptible –. ¡No tengo ninguna razón para tener este sentimiento por ti!

– La respuesta es muy conveniente. No menos brillante es tu plan para aislarme en nuestro trato. Sabes muy bien de lo que estoy hablando. Pero permíteme aprovechar la ocasión y sacarte del camino. Mientras yo viva, no podrás conquistar a mi padre y no recibirás de él el dinero que necesita el Conde de Mornos. No fuimos nosotros quienes los buscamos en Toledo. Ustedes fueron los que vinieron a nosotros en busca de ayuda. No consentí que esta familia se ocupara de la condición de nuestro matrimonio para ser el juguete de sus caprichos y sufrir su rebelión y su orgullo. Así que tenga cuidado, Condesa, y trate de no ofenderme demasiado, porque podría negarme a casarme con una mujer atrevida cuya dote debo pagar por mí mismo.

Cegado por su furia, José se entregó al arrebato. La palidez de Dolores, apoyada en la mesa, sin apenas sostenerse, lo devolvió a sí mismo. Lamentando sus palabras irreflexivas, corrió a apoyar a la joven, pero Dolores dio un paso atrás, como si se enfrentara a una serpiente.

– ¡Tiene razón, don José! Realmente nos dirigimos a usted olvidándonos de quién es y obteniendo lo que nos merecemos. Reconozco mi ingratitud por todos los favores que me han rodeado. Me golpeas y ahora me liberas como esclavo, que se puede vender o comprar a voluntad. Dios no quiera que espere más pruebas de su magnanimidad y me someta a su negativa en este arreglo familiar. Yo mismo lo rechazo y también su hospitalidad. En el primer barco salgo de Cuba.

La voz de Dolores se volvió firme y la palidez reemplazó a un rostro sonrojado. José guardó silencio. No esperaba tal resultado y la idea de la partida de la joven lo golpeó directamente en el corazón. Sin embargo, preferiría morir antes que reconocer su debilidad.

En ese momento crítico se oyeron los pasos pesados de don Fernando y entró el anciano apoyado en su bastón. Bastaba mirar los rostros de los jóvenes para comprender que había habido una tormenta entre ellos.

– ¿Qué sucedió? ¿Qué te pasa, Dolores? ¿Por qué estás tan agitado, José? – Preguntó Don Fernando inquieto.

– ¡Nada importante, tío! Don José me acaba de declarar que nunca me permitirá ganarme tu simpatía para obtener la ayuda necesaria de mi padre. Cansado de tantas ofensas, salgo inmediatamente de su casa y me traslado a la de Doña Ana, donde permaneceré hasta la salida del primer barco, que me llevará a España.

Don Fernando se sentó en la silla, temblando con todo su cuerpo. Anhelaba casar a José con su sobrina. Además, estaba seguro que su hijo estaba locamente enamorado de ella y temía que su extraña terquedad le costara la felicidad de toda su vida.

– ¡Cálmate, Dolores, y cuéntame qué pasó! No puedo permitir que tomes una decisión tan apresurada sin antes analizarla en profundidad, porque Pedro me la encomendó. Y tú, José, vete. Déjanos solos.

José obedeció humildemente. Sabía que el asunto estaba en buenas manos y suspiró aliviado.

Don Fernando trató tiernamente de disuadir a Dolores y le suplicó que no los abandonara. Después de una larga resistencia, la joven terminó cediendo y prometió quedarse. A pesar del odio que sentía por su primo, temía perder su última oportunidad de salvar a sus familiares.

Consciente que su ausencia era la mejor manera de poner fin al escándalo, José declaró que a la mañana siguiente visitaría las lejanas plantaciones y minas, donde pasaría unos días, porque allí se necesitaban serias reparaciones.

Unos días después, el hacendado vecino, don Olivero, lanzó una gran fiesta. Martínez y Dolores asistieron a la fiesta. Pero, para su enorme sorpresa, la joven encontró a Alfonso de Vasconcellos entre los invitados, que se acercaron a ella y pronto se sentaron juntos, conversando.

"Está aun más guapo" – pensó Dolores, que nunca lo había visto con un rico vestido formal.

De repente, un disgusto se apoderó de ella.

"¿A qué vino? ¿No es para ser admirado por mujeres cuyos ojos no lo abandonan?"

Como confirmando ese pensamiento, Vasconcellos, después de unos minutos, se levantó, le hizo una reverencia y se mezcló con la gente. Después de haber bailado con muchas damas, Vasconcellos vino a Dolores y la invitó al siguiente minueto, pero ella se negó, alegando que ya había sido invitada. Para enfurecerlo mucho, fue a bailar el minueto con José.

Los celos la habían perturbado tanto que apenas podía controlarse y decidió retirarse a uno de los gabinetes de la habitación, lleno de flores y follaje. Acababa de sentarse, abanicando su rostro ardiente, y escuchó la voz de Vasconcellos desde detrás de las plantas.

– ¿Qué malos pensamientos, Dolores, mueven tu alma? ¿Has olvidado mi promesa? Por casualidad, ¿puedo comportarme de manera diferente en la sociedad, sin llamar la atención general? ¿Y por eso estás tan enojada que ni siquiera quieres bailar conmigo?

La ira de Dolores pasó entonces.

– ¿Dónde estás? No te veo. ¡Vamos a bailar! – Dijo ella, levantándose y regresando al salón.

Minutos después apareció Vasconcellos y le ofreció la mano.

Durante el baile, preguntó en voz baja:

– Y, entonces, ¿cómo es tu relación con José? ¿Esperas tener una vida más o menos tolerable?

Todas las emociones de esa noche pusieron a Dolores muy nerviosa. Con esa pregunta, un gran dolor y amargura se apoderó de la joven de tal manera que apenas pudo contener las lágrimas. Alfonso sintió su terrible emoción y le apretó la mano con fuerza.

– ¡Por el amor de Dios, Dolores, cálmate! – Tartamudeó –. Necesitamos conversar. Arreglaré nuestra reunión de una forma u otra.

Capítulo 7

Tras la marcha de Dolores, una siniestra tristeza reinó en el antiguo palacio de los Condes de Mornos. La ausencia de la encantadora y valiente joven creó un vacío que nada pudo llenar. La primera carta de Dolores consoló al viejo Conde. La cordial recepción de don Fernando a su hija dio nuevas esperanzas a la familia. Pero esa alegría no duró mucho. Una tormenta que se estaba formando en la oscuridad descendió inesperadamente sobre las cabezas del Conde y sus hijos.

El banquero Levison, tan severamente expulsado del castillo por don Ramiro tras el infortunado intento de recibir la mano de la hija del orgulloso señor, no pudo olvidar la ofensa que había cometido.

Compró los pagarés a los Condes de Mornos y se los pasó a sus compatriotas. A los Mornos les llovían todo tipo de molestias: a veces recibían la denegación de préstamos de la manera más grosera, a veces cobros de deudas inesperadas que no tenían posibilidad de pagar y, finalmente, amenazas de los prestamistas de venderlo todo en una subasta, junto con los muebles del palacio.

Pasaron los meses y no llegó ninguna ayuda de Cuba, ninguna esperanza de una salvación cercana. Entonces, una gran impaciencia y una gran desesperación comenzaron a atormentar al joven Conde, cuando por fin recibió una carta que daba un nuevo rumbo a sus pensamientos y planes.

El correo vino de Janto. En pocas palabras, el gerente comunicó lo que había sucedido en la hacienda y agregó:

"El negocio que conoces está en marcha. Ya sé dónde están las cosas que necesitas. Cuando llegue el momento de actuar, será fácil tomar posesión de ellas. Don Fernando está enfermo. Su salud se está deteriorando tan rápidamente que no tendrá que esperar mucho para su muerte. En este sentido, debo decirle, Sr. Conde, que, en mi opinión, usted y su padre deben venir a Cuba. Deben estar aquí para tomar las medidas necesarias y presentar sus derechos. Podrán vivir de incógnito en La Habana y aparecerán en el momento oportuno. Por favor, señor Conde, hágamelo saber su decisión y el día de su partida, si decide seguir mi consejo."

Esta carta encendió a Ramiro. Los resultados de la intriga atrevida que la desesperación había traicionado a la mente sobrepasaron todas las expectativas. Finalmente, le traería riqueza, lo liberaría de todas las molestias, y, además, le daría la posibilidad de vengarse del despreciable mulato, que se burlaba de su desgracia y se deleitaba con los tormentos y humillaciones de toda su familia. Su padre insistía en casar a la hermosa muchacha que había sido cortejada humildemente por aristócratas como los Duques de Suzá, y este hijo esclavo no tardó en contraer un matrimonio tan brillante.

– ¡Espera, perro! Cuando me convierta en el dueño de la hacienda, me pagarás por todas nuestras desgracias y por cada lágrima de Dolores –murmuró, apretando los puños.

Ramiro decidió irse pronto de Toledo, porque la vida de su ciudad natal se había vuelto odiosa para él. Pensó que era más prudente no contarle a su padre, un aristócrata severo y escrupuloso, su acuerdo con Bartolomeo. Al vender a escondidas todo lo que pudo y juntar la suma necesaria para el viaje, Ramiro aprovechó una de las escenas más duras entre su padre y un usurero y lo convenció de irse a Cuba.

Muy a regañadientes, don Pedro accedió a la partida, que parecía más una huida vergonzosa. Tenían que viajar en secreto, y la autoestima del orgulloso Conde se ofendió por eso.

Ramiro lo había preparado todo. Sin dificultad, llegaron al puerto y abordaron un barco. Era una carabela pesada y vieja que, irónicamente, se llamaba "El Fugitivo."

– Esperemos que no nos persigan ahora, aunque esto es una verdadera vergüenza – observó don Pedro, cuando leyó el nombre de la embarcación.

El viaje fue largo pero feliz. Dos meses después, los Mornos estaban en La Habana e informaron de su llegada a Dolores y Bartolomeo.

Pronto recibieron dos cartas: una de Dolores a don Pedro, la otra de Janto a Ramiro. Una vergonzosa amargura por la huida de los familiares de Toledo y por su desesperada situación se recibe en cada palabra de Dolores. La joven envió algunas joyas y anunció que don Fernando, a pedido de ella, ordenó a Janto que les enviara dinero y los invitara a la hacienda, pero José expresó su disgusto con tanta franqueza que ella le recomendó a su padre y hermanos que no se presentaran y esperaran hasta que el destino se resolviera. Esto no tardaría mucho, porque el tío, con creciente insistencia, expresó su deseo de ver cumplido el matrimonio.

La carta de Janto también iba acompañada de dinero. El gerente escribió que don José, entregándole esa suma, lo había enviado para que su tío y sus primos entendieran que le habrían dado una gran satisfacción si no fueran a la hacienda. Después de la boda, recibirían el arreglo y luego regresarían a España.

Al leer esa insolencia, Ramiro se estremeció de rabia, pero la continuación de la carta lo calmó un poco. Bartolomeo comunicó que don Fernando se encontraba muy mal y que se acercaba su muerte.

Unos días después, apareció el propio Janto para visitarlos. Le dijo a don Pedro que su hermano había enfermado gravemente después de la rebelión en las minas, que casi le cuesta la vida a José. El gerente agregó que no podía entender por qué el anciano, a pesar de su loco amor por su hijo, no pensaba para garantizar su futuro con un testamento y adopción. Como hijo de una esclava no liberada, José seguiría siendo esclavo si don Fernando moría sin legalizar su situación.

– Si el orgullo innato de un hombre blanco o alguna otra razón impide que don Fernando haga eso, no lo sé. Pero si muere sin dejar los documentos necesarios, solo puedo felicitar a Su Excelencia.

Bartolomeo sonrió y se inclinó ante los Condes.

– ¡No es agradable! Mi hermano no dejaría a su amado en nuestro poder sin garantizar su futuro – observó el viejo Conde.

– En realidad, me pidieron que avisara al juez y al notario que están listos para venir a la hacienda a la primera llamada, pero don Fernando se está demorando demasiado – respondió el gerente, encogiéndose de hombros.

Posteriormente, en una conversación secreta con Ramiro, Janto le dijo que sabía dónde estaban los documentos y que ya había dado todos los pasos para liquidarlos en el momento oportuno.

Capítulo 8

Dolores y José siguieron evitándose. Sin embargo, la pelea no disminuyó la pasión de José, sino que la encendió aun más. Si el orgullo y la terquedad le dieron fuerzas para ocultar sus sentimientos en presencia de Dolores, cuando estaba solo salían a la superficie con mayor fuerza. El joven merodeaba por sus habitaciones, espiaba a Dolores sin que ella se diera cuenta y se deleitaba con su belleza desde lejos, viéndola columpiarse en una hamaca o jugar con algún niño negro.

José no notó los siniestros celos de Gilda. Esa musaraña entendió que un joven rico se le estaba escapando y sintió un odio tan profundo por Dolores que decidió envenenarla.

Un día, después del almuerzo, Dolores regresó a su habitación, terriblemente pálida y cansada. Después de leer un poco, se acostó y tocó el timbre para llamar a Sara.

– Tráeme un refresco. Tengo mucha sed, me estoy quemando por dentro.

La doncella corrió a cumplir la orden. La apariencia débil de la joven, las enormes ojeras bajo sus ojos, la preocupaban mucho. Cuando regresó con un vaso de limonada helada en una pequeña bandeja, vio con horror cómo su ama saltaba de la cama y corría hacia la ventana.

– ¡Aire! ¡Necesito aire! ¡Me estoy sofocando!

Dolores quiso arrancar la cortina, pero se sintió mareada y cayó de rodillas junto a la ventana. Parecía muerto. Tenía los ojos abiertos y quietos, el rostro y las manos cubiertos de manchas negras y una espuma verdosa apareció en sus labios. Sara gritó pidiendo ayuda. Afortunadamente, el hindú estaba cerca y se apresuró al rescate.

Le diagnosticó envenenamiento y le dio un antídoto, gracias al cual Dolores se salvó. José entendió que había sido obra de Gilda. Al principio quiso colgarla, pero Janto le suplicó que la dejara vivir. Entonces José, con sus propias manos, azotó a la sinvergüenza. La mulata soportó el castigo con aire de víctima y siguió insistiendo en su inocencia.

– ¡Probablemente doña Dolores comió unas frutas venenosas y yo, mujer inocente e indefensa, debo pagar su imprudencia! – Dijo ella.

Entonces comenzó a lamentar la ceguera de José, que trataba con tanta rudeza a la persona que le era profundamente fiel a causa de la mujer que no tomaba en cuenta su bondad y cuyo corazón pertenecía a otro.

Esas alusiones tuvieron un efecto enorme. Sin notar la mirada cáustica de la miserable, el joven objetó enojado:

– ¡Cállate, serpiente! ¿Qué puedes saber sobre los sentimientos de doña Dolores?

– ¡Más de lo que piensas! Si en lugar de buscar peleas con el pobre Olivero vigilaras mejor a tu futura esposa, seguramente notarías que está enamorada del guapo Vasconcellos.

Al ver la furia y la sorpresa de José, le contó todo lo que sabía de Bartolomeo sobre el amor de los jóvenes y su conversación durante la tormenta en el barco.

Esas revelaciones provocaron una auténtica revuelta en el alma de José, que hacía mucho tiempo que su amor propio herido había suspirado que la causa de la indiferencia de Dolores era su amor por otro hombre.

Mientras tanto, don Fernando se desvanecía. Un día su estado empeoró abruptamente y se sintió tan mal que le pidió a José que llamara al cura para que le diera los últimos ritos. El joven luego envió un mensajero al abad Linier. Este último regresó informándole que el abad había sido llamado a otra hacienda y cuando regresara le dirían que lo estaban esperando en la hacienda de Martínez.

Fue una noche dura. Exhausta, Dolores fue a su habitación a descansar. José se quedó solo con el enfermo, que dormía profundamente. Acurrucado sobre el escritorio, el joven se entregó a sus pensamientos tristes y repugnantes. De repente don Fernando abrió los ojos. Lamentablemente, miró el rostro sombrío de su hijo y le tocó la mano.

– José, ¿por qué estás haciendo tu propia infelicidad? Amas a Dolores, no lo niegues – agregó, viendo al joven estremecerse y negar con la cabeza –. No puedes engañarme. ¿Por qué mentir? Veo que te consume la pasión. ¿Por qué no casarse y acabar con esta falsa e insoportable situación?

– Porque Dolores ama a otra persona. Por mí solo siente odio y desdén – dijo José con amargura.

El paciente suspiró.

– Si es así, es lamentable. Pero ¿es verdad?

En cualquier caso, sus deducciones son injustas. Dolores, esa niña pura y orgullosa, nunca traicionará su deber y no lo publicitaría con infidelidad. Cuando te cases, ningún malentendido injustificado te separará. Cásate mientras yo viva. Un sentimiento me dice que todo terminará mal si continúas posponiéndolo. Pero si te casas mientras yo viva, moriré en paz.

Por un momento, la pasión y el orgullo lucharon en el alma del joven, pero el amor finalmente triunfó.

– ¡Está bien, papá! Tu voluntad es sagrada para mí y corresponde al deseo de mi corazón. Mañana por la mañana hablaré con Dolores y marcaremos el día de nuestra boda.

Posteriormente, al comentar con su padre todos los detalles, el joven esperaba con impaciencia el amanecer para hablar con su prima.

Dolores sabía que tarde o temprano tendría que casarse con ese hombre que la odiaba. Los asuntos de su padre requerían ese sacrificio; así que aceptó la propuesta de José, su honestidad le recordó a su conciencia que tenía una mala opinión del chico y probablemente por eso José estaba enojado con ella, que ella no lo amaba. Una palabra cálida en ese momento podría ser la salvación para ambos, además de aliviar su vida matrimonial, ya que deben estar unidos por los lazos del matrimonio. Todos esos pensamientos, que duraron unos segundos, provocaron una reacción inesperada en el alma de la joven.

– Don José – dijo ella, dirigiéndole una mirada luminosa –, confiésame, dímelo con franqueza, con todo tu corazón, si me quieres. Creo que quiero esta confesión no por vanidad, sino que la necesito como base, sobre la que construir mi vida y darle un propósito: hacerlos felices y aliviar la suerte de los negros pobres. Es cierto que mi corazón está muerto. Pero le ofrezco mi amistad de por vida.

Esa mirada cálida y amable y esa voz cariñosa hicieron que el corazón de José latiera con fuerza. El amor le hizo olvidar todo y sus labios estaban a punto de abrirse para decir: "¡Te amo más que a mi vida! Dame al menos un poquito de amor", cuando de repente la última frase de Dolores la arruinó. Su corazón murió por José, por supuesto, pero latía por Vasconcellos. Lo único que le quedaba era la amistad, que ella le lanzaba como limosna.

– Te agradezco, hermosa prima, tu magnanimidad – respondió con una sonrisa irónica –. La amistad es lo mínimo que una mujer puede darle a su marido, mientras yo pongo a sus pies todo lo que puedo darle: mi admiración por su incomparable belleza.

El tono era suave, pero la mirada cínica e insolente repugnaba a Dolores. Esa respuesta a su franco y noble llamamiento parecía doblemente ofensiva. En un segundo, su rostro cambió y la mirada ardiente y severa que le dio a José hizo que se arrepintiera de haberla ofendido. Se inclinó y quiso tomar su mano, pero Dolores se puso de pie y retrocedió.

– Estoy de acuerdo con usted, don José. Que se haga la voluntad de mi tío y que vea antes de morir la realización del acuerdo por el que está vinculado a la familia de Mornos. Estaré lista cuando quiera concertar una cita. Solo quiero que me entreguen el capital acordado antes de la ceremonia de la boda. Espero que encuentre mi voluntad justa.

– ¡Sin duda! – Respondió José, levantándose también –. Los papeles, por valor de quinientos mil reales, los entregará mi padre. Por ahora, te envía esto aquí" José sacó dos documentos doblados de su bolsillo y se los entregó a la joven –. Estas son las cartas de emancipación de Scipión y Sara. Hacía tiempo que deseaba tenerlos, pero estaban listos anoche.

Los novios se despidieron, intercambiando frías reverencias.

Insatisfecho consigo mismo y con todo, José se fue a sus habitaciones con el corazón apesadumbrado. En el camino que conducía a su terraza, encontró a Bartolomeo hablando con

Kakhla Sarma. El hindú estaba triste y el gerente preocupado y angustiado. Junto a ellos, José le dijo a Janto que ese mismo día se casaba y le dio algunas órdenes sobre la ceremonia.

El abad Linier llegó mucho más tarde de lo previsto y luego comenzó la unción de los moribundos. Al recibir la extrema unción, don Fernando estaba tan débil que todos pensaron que sería su fin. Pero mejoró y susurró:

– ¡Que comience la ceremonia!

En la habitación del enfermo, rápidamente improvisaron un altar. Entonces José fue a buscar a su novia. Dolores estaba lívida, pero parecía tranquila y decidida.

Con angustia, el moribundo miró ahora a su hijo, ahora a su sobrina. Sus labios temblaron, mostrando su nerviosismo. José llevó a Dolores a la mesa, donde se preparó apresuradamente el acta del matrimonio. La joven no tuvo objeciones. Con indiferencia y frialdad, escribió su nombre a nombre de José, don Bartolomeo y uno de los antiguos gerentes firmaron el documento como testigos. Janto le entregó a la joven una carpeta con la suma combinada. Luego, los novios se acercaron al altar. Ambos estaban sombríos y visiblemente conmovidos.

Al final de la ceremonia, José caminó con la novia hacia el padre. Este último, con lágrimas de alegría, les dio su bendición. Cuando se levantaron, José atrajo a Dolores hacia él, queriendo besarla, pero ella retrocedió. Con aire frío y hostil, dijo con severidad:

– ¿Por qué esta comedia?

José no respondió y se sentó junto a la cama de don Fernando. El enfermo, cansado de esa agitación, cerró los ojos y se quedó profundamente dormido. Junto al moribundo también estaban Bartolomeo, Dolores y Sara. El abad se retiró alegando tener un asunto urgente.

Pasó más de una hora en absoluto silencio, solo interrumpido por la respiración ronca y entrecortada del paciente. De repente don Fernando se puso de pie. Con una mirada inmóvil al espacio, exclamó:

– ¡Ve a buscarlo, José! ¡Ve a buscarlo mientras esté vivo! ¡Ahí, ahí!

¡Oh...! Mi desgraciada niña, ¡sálvate a ti misma!

– ¿Qué quieres decir, papá? – Preguntó José, apoyando al moribundo, que retrocedió, sin fuerzas.

En ese momento don Bartolomeo llegó corriendo a la cama, gritando con voz desgarradora:

– ¡Él se está muriendo! ¡Llame al hindú! ¡Rápido! ¡Rápido!

– Vienen... ¡Oh! ¡Hijo mío! – Susurró don Fernando.

Su cuerpo se estremeció, suspiró profundamente y se estiró.

Todo se acabó.

Hubo un solemne silencio en la habitación. Entonces don José, con mano temblorosa, cerró los ojos de su padre y Sara le tapó el cuerpo. Mientras tanto, Janto respiró con dificultad y se secó el sudor profuso de la cara. Estaba tan agitado que no podía quedarse quieto, apenas escuchó al joven hacendado y le respondió fuera de propósito. Mientras bebía unas copas de vino, dijo que se sentía mal por el calor y la emoción.

Extrañamente, José lo dejó ir y se encerró en la habitación de su padre. Una gran inquietud y una profunda tristeza oprimieron al joven. Mientras se quitaba las mantas, se inclinó sobre su cuerpo y miró largamente al hombre que toda su vida había pensado solo en hacerlo feliz y satisfacer todos sus deseos y caprichos.

Ahora estaba solo en el mundo. La única criatura que lo amaba sin interés había muerto. José sintió una terrible soledad y, con un gemido ahogado, apretó los labios contra la mano fría de su padre. Luego se sentó débilmente en su silla, cerró el rostro con las manos y lágrimas calientes corrieron por sus mejillas.

Cuando José salió de la habitación, afligido por la pérdida del padre que amaba con tanta sinceridad, encontró a Sara. Su rostro estaba bañado en lágrimas. Al ver al hacendado, corrió hacia él, gritando con voz quebrada:

– ¡Gracias a Dios! Me alegro que haya llegado, don José. ¡Le estaba rogando a Dios que lo trajera aquí! ¡Es solo que era tan raro!

– ¿Qué raro? ¿Qué está diciendo? – Preguntó el joven poniéndose pálido.

– Ella distribuyó todas sus cosas y te envió esta nota.

Con esas palabras, Sara le entregó el papel. José se lo arrebató de las manos de la criada. Mal lo miró, gritó y corrió hacia el dormitorio como loco.

La última conversación con José dejó a Dolores con muy mala impresión. Cuando dijo que amaba solo a la mujer hermosa que había en ella, tal ira y hambre de venganza se apoderó de la joven y, en un instante, llegó una decisión audaz y maduró en su mente. Fue esa decisión la que le devolvió la calma.

Pensando en ello, fue a su habitación y comenzó a caminar febrilmente. ¡Sí! Castigaría al insolente que se atreviera a ofenderla y la equipararía con una amante. Ella se vengaría de él, castigando su codicia y frustrando todos sus deseos. Un día su padre le dijo: "¡Moriremos todos juntos!" y ella respondió, en ese momento, "¿Por qué todos? Todo lo que tienes que hacer es sacrificar una vida, y si es necesario, puedes estar seguro, Padre, que yo sabré morir."

Había llegado el momento de llevar a cabo esa orgullosa decisión. Quería y necesitaba salvar a los suyos, pero su honor femenino no le permitía vivir con José. Después de todo, ¿qué se estaba perdiendo? Una existencia sin amor ni esperanza. Una vida con la herida siempre abierta: el recuerdo de Vasconcellos. Cuando pensó que ese mismo día tendría que olvidar a Alfonso para siempre, pertenecer a José y soportar la presencia de ese hombre odioso, un dolor tan terrible se apoderó del corazón de Dolores que hasta su suicidio se sintió como una liberación.

A partir de entonces, comenzó a actuar con determinación. Escribió cartas de despedida a su padre y hermano, entregó a Scipión el maletín con el dinero para que se lo llevara al Conde de Mornos, y dejó la siguiente nota para José:

"Su egoísmo y crueldad, que no me reservó un lugar digno en su corazón ni en esta casa, me envía lejos de aquí. Me muero dejándole lo que compró y lo que quería poseer: mi cuerpo, y solo el cuerpo. Despreció mi alma y esta mañana rechazó todo lo que podía darle, así que me lo llevo. Espero que, al verme muerta, su corazón cruel esté libre de cualquier lamento o remordimiento. De hecho, lo que ama más que nada en el mundo sigue siendo: el orgullo, el egoísmo y el oro.

Dolores de Mornos."

Después de doblar la carta, la dejó en un lugar visible; lanzó una mirada mitad triste, mitad irónica alrededor de la habitación que una vez vio por casualidad. Allí no se había cambiado nada, ya que no había tiempo para grandes preparativos. Solo se había colocado un tocador más cubierto de encaje y, en la amplia cama, una colcha de seda blanca y almohadas nuevas.

"Sobre estas almohadas solo descansará mi cadáver" – pensó, acercándose al tocador de José.

Al ver un estuche, lo abrió. En él, como esperaba, estaban las navajas. Eso era lo que necesitaba, porque había decidido cortarse las venas, habiendo leído en alguna parte que era la muerte más fácil. Debería darse prisa, porque si José pasaba por esa puerta estaría perdida. Pero en el momento crítico, el valor la abandonó. Las fuerzas vitales de su joven cuerpo se rebelaron contra la destrucción. El miedo a lo desconocido y el sufrimiento físico se apoderaron de la joven.

Lívida, Dolores cerró los ojos y apoyó la cabeza en el sillón. Se sintió avergonzada de sí misma. En vano trató de recuperar el valor. Pero en ese momento, sonó como si estuviera escuchando pasos masculinos en la habitación contigua. Se enderezó, como si se hubiera sorprendido y, con repentina resolución, pasó la navaja por ambas muñecas.

Eso fue una falsa alarma. José no apareció. Emocionada, Dolores casi no sintió dolor. Con un sentimiento extraño, miró fijamente las dos hebras de sangre que se escurrían de sus muñecas, manchando las flores y los encajes de su vestido. El dolor se calmó. Simplemente sintió una terrible debilidad. Sus oídos comenzaron a zumbar y sus ojos se cerraron con una nube oscura. Quería rezar una última vez, pero su mente estaba confundida. La voz de alguien, que llegó a su oído como un trueno distante, la sacó por un instante de su aturdimiento. Como a través de la niebla, vio el rostro de José inclinado sobre ella, pero no entendió sus palabras. Casi de inmediato, todo desapareció y sintió como si estuviera volando sobre un abismo negro.

Dolores perdió el conocimiento.

Capítulo 9

La carta de Dolores llevada por Sara tuvo el efecto de un mazazo para José, nunca se le había ocurrido que la joven pudiera atentar contra su propia vida. Acusándose amargamente a sí mismo de tardar tanto en rescatar a su esposa, José corrió al dormitorio. Al ver a Dolores toda ensangrentada, casi pierde la cabeza. La sacudió, la llamó por los nombres más afectuosos y trató de acercársela. Los desgarradores gritos de Sara, mientras lo seguía al interior de la habitación, le devolvieron la presencia de ánimo a José. Se arrojó sobre la cama, arrancó la sábana, la cortó y ató las muñecas de Dolores con fuerza. Colocándola en la cama, gritó en voz alta:

– ¡Llama a Kakhla Sarma!

El llanto y el lamento de Sara atrajeron a otros sirvientes y, junto con ellos, a Bartolomeo. Este última, al ver el cuerpo inmóvil de Dolores, comenzó a tirar de su cabello.

– ¡Ella murió! ¡Murió! – Repetía.

Minutos después llegó el hindú, liderado por los negros, que caminaban muy despacio. Por su orden, todos salieron de la habitación, menos José y Sara. Luego le quitaron la ropa manchada a Dolores. Kakhla Sarma se inclinó sobre ella y le vertió gotas de un tónico en la boca.

– ¿Vivirá? – Preguntó José, que estaba ayudando a Sara a limpiar la sangre de las largas trenzas de Dolores.

Estaba casi tan pálido como la niña y tenía un escalofrío de nervios por todo el cuerpo.

– Ahora mismo no puedo decir nada. Perdió mucha sangre – respondió el hindú –. Le di una medicina fuerte que le provocará un delirio. Mañana veré si hay alguna posibilidad de salvarla. Cada hora necesitas darle cinco gotas de un medicamento que te enviaré. Al amanecer veré qué efecto tuvo. Ahora no puedo hacer nada más.

José, abatido, se sentó a la cabecera de su esposa. A los pies de la cama, en un taburete, estaba sentada Sara. De nuevo se apoderó de él una terrible sensación de soledad. Con amargura pensó en la triste noche de bodas que había preparado su destino: la muerte de su padre, la muerte de su esposa y ningún amigo real que lo ayudara o apoyara.

En ese momento, una cabeza peluda tocó su mano y lo sacó de sus pensamientos. Era Rex. Viniendo de la habitación contigua, estaba mirando a José con sus ojos verdes.

"Aquí está el amigo que he olvidado" – pensó José, acariciando al tigre, que yacía pacíficamente a sus pies.

De repente, Dolores se movió y abrió los ojos. Su rostro tenía manchas rojas y sus ojos brillaban febrilmente. No reconoció a José, que se inclinó tímidamente sobre ella. Tomándolo por Vasconcellos, la joven murmuró con una sonrisa feliz:

– ¡Alfonso, cariño!

Solo un sonrojo oscuro delataba la emoción del hacendado provocada por esas palabras.

Mordiéndose el labio, José sostuvo a Dolores y le dio el medicamento recetado.

Pasaron unas dos horas. Dolores estaba en un sueño profundo que se sintió como un desmayo. Sara tomó asiento en otro rincón del dormitorio. Terriblemente cansado, José apoyó la cabeza en la almohada y cerró los ojos.

De repente, el rugido de Rex lo hizo temblar. José se levantó asombrado y vio a un joven desconocido en la puerta de la habitación. El visitante inesperado inspeccionó la habitación con una mirada oscura y llena de odio. Al ver la ropa ensangrentada en la cama, el hombre se arrojó sobre Dolores.

– ¡Oh! ¡Sinvergüenza! ¡La mataste! – Él gritó.

Rex rugió y saltó. Estaba muy apegado a la chica y la seguía a todas partes. Al darse cuenta del peligro de una persona desconocida, corrió a la cama queriendo defender a Dolores. Pero el joven señor, con la velocidad de un rayo, tomó una pistola de su cintura y la disparó rápidamente a la cabeza de la bestia. El tigre luego cayó muerto al suelo.

Indignado por esa actitud audaz del desconocido y totalmente fuera de sí, José saltó de su silla y corrió furioso hacia él.

– ¡¿Quién eres tú?! ¡¿Cómo te atreves a entrar aquí y actuar como deseas?! – Gritó –. ¡Fuera criatura insolente! ¡Cómo te atreves, bandido!

Una sonrisa altiva e irónica se deslizó por los labios del extraño.

– ¡Soy Ramiro de Mornos! Yo soy el que tiene derecho a preguntarte qué significa el estado de mi hermana y toda esta ropa ensangrentada. Pero ahora basta de hablar y sígueme de inmediato. En el despacho de tu padre, las autoridades te esperan para resolver un asunto muy grave y urgente.

Enfurecido y disgustado con esta invasión, José pensó que lo mejor era deshacerse de esa visita inoportuna e indeseada que había llegado para entristecerlo aun más, matando repentinamente al único compañero que le quedaba.

El día anterior, don Pedro y sus hijos estaban sentados a una mesa en el jardín de una pequeña casa en La Habana con una botella de vino añejo. De repente, apareció un hombre negro a caballo y llamó a la puerta. El cuerpo del caballo estaba todo cubierto de espuma. Era un mensajero enviado por la mañana por Bartolomeo Janto, trayendo una carta a don Pedro. El gerente escribió:

– *"Mi señor. Venga sin perder el tiempo. Su hermano se está muriendo y no durará hasta hoy. No ha hecho testamento. Traiga a las autoridades para verificar la muerte de don Fernando y confirmar sus derechos a la herencia."*

Otra nota había sido dirigida a Ramiro y contenía solo las siguientes palabras:

– *"¡Todo está arreglado!"*

Pero, eso fue suficiente para dejar al joven Conde eléctrico. Rápido y enérgico, reunió a toda la gente que necesitaba. Una hora y media después, todo el mundo iba por el sendero hacia la hacienda Martínez.

Eran casi las siete de la mañana cuando llegaron a la hacienda el Conde de Mornos, un juez, un notario y un abogado. Desmontando de sus caballos, notaron la agitación que reinaba entre los numerosos esclavos y evidentemente atribuyeron el movimiento a la muerte de don Fernando. Pero uno se puede imaginar el terror y la desesperación de don Pedro, cuando el pálido y afligido Bartolomeo, que vino corriendo a recibirlos, le dijo al Conde en voz baja que Dolores, el día anterior, se había casado inesperadamente con José.

– Por supuesto, este matrimonio es inválido si el joven no presenta el documento legal sobre su adopción, agregó el gerente –. Lamentablemente, doña Dolores se lo tomó muy en serio y trató de quitarse la vida.

– ¡Pero ¿ella no murió?! ¡Quiero verla! – Gritó el Conde, loco de desesperación.

– No diga nada sobre la boda, señor. En la hacienda existe el rumor que no se llevó a cabo. Así es mejor. Pero permítame llevarlo a la oficina del difunto. Tan pronto como se aclare su situación de don José, lo llevaré con la Condesa, que actualmente está durmiendo, como me dijo el médico.

Aunque estaba profundamente conmovido, don Pedro comprendió que el gerente tenía razón. Sin ninguna objeción, permitió que sus compañeros y él mismo fueran llevados a la oficina de su hermano fallecido. Ramiro le pidió a Janto que enviara a alguien para que lo llevara a la habitación de su hermana. Por orden de Bartolomeo, Scipión condujo al joven Conde a los apartamentos de José.

Pálido, con los labios apretados, lleno de odio y amargura, don Pedro caminaba por la oficina. Así que cuando se abrió la puerta y entró José, acompañado de Ramiro, el corazón del anciano se llenó de tanta rabia y odio que se borró toda su noble magnanimidad, Condescendencia y sentido de la justicia. El joven hacendado miró a los visitantes indeseados con frialdad y hostilidad. Luego se inclinó levemente. Para su gran sorpresa, fue contestado únicamente por el juez, a quien José conocía de vista, y por el abogado. Los Mornos no parecían haberlo notado.

Don Pedro seguía dando vueltas por la habitación y Ramiro, en medio tono, hablaba con Bartolomeo, quien muy nervioso trataba de no mirar al costado de José, esta insolencia lo hizo estallar. Abrió la boca para hacer un comentario no muy amable, pero el juez dio un paso al frente:

– Señor, la muerte de don Fernando me impone la obligación de preguntarle si tiene el testamento de su padre y el documento legal sobre su adopción. Si los tiene, preséntelos o indique dónde están.

– Los documentos de los que habla están aquí en el despacho de mi padre y se los daré ahora. Pero creo que el juez podía esperar y revocar esa demanda hasta que el cuerpo de don Fernando sea enterrado. Confieso que esta prisa de su parte me resulta extraña – respondió.

José sacó la llave del bolsillo, se sentó en la cómoda y abrió un cajón secreto. De repente palideció y comenzó febrilmente a rebuscar en los papeles. Desafortunadamente en vano. Un voluminoso paquete sellado había desaparecido sin dejar rastro. José volteó los papeles una vez más y examinó todos los rincones del cajón. Ramiro, con el corazón palpitante, miraba a su primo, temiendo que se llevara los duplicados de documentos de algún escondite. Pero el rostro pálido y asustado de José, que temblaba con todo su cuerpo, lo convenció de inmediato que Bartolomeo había cumplido con maestría su misión, aniquilando los únicos documentos que podían liberar al hijo de su tío de su odio y de su venganza.

La cabeza de José dio vueltas; se sintió al borde de un abismo.

– Don Bartolomeo – dijo con voz ronca –, debe saber dónde están estos documentos. No ha pasado ni un mes desde que los viste aquí, en mi presencia y en presencia de mi difunto padre.

El gerente se encogió de hombros y murmuró algo, pero nadie pudo entender.

– Señor juez, mi padre formalizó mi adopción. Me reconoció como su hijo y heredero. Por alguna casualidad incomprensible, los papeles desaparecieron de esta "oficina."

Probablemente se estén escondiendo en otro lugar. En cualquier caso, debe haber copias de los mismos...

De repente se quedó en silencio. Al ver las miradas irónicas y suspicaces, sintió una opresión en la garganta.

– ¿Qué notario presenció estos documentos y quién los firmó como testigo? – Preguntó el juez con frialdad.

– El notario se llamaba Don Pablo Henríquez y los testigos eran el viejo Señor González y el abad Don Gómez.

– Los tres murieron – comentó el juez con desdén.

Don Pedro se detuvo y, midiendo a José con los ojos llenos de odio y desdén, dijo:

– Señor Juez, por favor lea el artículo de la Ley que confirma mis derechos a la herencia que dejó mi difunto hermano don Fernando, en caso que no existan documentos que demuestren que pasó su nombre y fortuna a su hijo ilegítimo José, nacido de la mulata Eva...

El juez tomó un libro que había traído consigo y leyó el artículo de la Ley que decía:

"Un niño fuera del matrimonio no legitimado y nacido de un esclavo no manumitido, no solo no tiene ningún derecho a la herencia, sino que se convierte en esclavo del nuevo dueño."

Fue indescriptible lo que sucedió en ese momento dentro del infortunado José. Las palabras de la Ley, como un vago tarareo, llegaron a sus oídos. Conocía ese artículo a la perfección, pero nunca pensó que se le pudiera aplicar. Solo era perfectamente consciente que se le privaba de todos los derechos humanos, que se le quitaba todo, y que el hombre que tanto lo amaba y lo daba todo, profetizaba el acercamiento de los enemigos, con prisa por acabar con su vida.

De repente, tuvo una rabia tremenda contra los ladrones que tramaron este terrible complot contra él.

– ¡No encuentro los documentos, es verdad! ¡Y no puedo imaginar cómo se las arreglaron para robarlos! – Gritó, echando espuma –. ¡Pero los documentos existen y aparecerán! ¡Hasta entonces, te demostraré que el dueño soy yo! ¡Fuera de aquí!

Mientras sacaba un silbato plateado de su cinturón, emitió un silbido estridente. Solo que esta vez nadie se apresuró a responder a su llamada.

Don Pedro acaba de comentar con desprecio:

– Se deben realizar copias de documentos tan importantes, evitando robos. Pero, ¡basta de eso! Como único heredero de mi hermano, tomo posesión de todas sus propiedades. En cuanto al hijo del esclavo no manumitido, será un esclavo como los demás. Ponte de nuevo en el lugar que nunca debiste haber dejado. Don Sebastián, prepara las minutas necesarias y tú, don Bartolomeo, da órdenes a todos los negros de la hacienda para que se reúnan en la plaza del pueblo. Voy a hablar con ellos. Y envía algunos sirvientes aquí también, antes que este esclavo descarado, que tanto abusó de la debilidad de mi hermano y que pretendía ser señor, intente preparar algo.

El juez, el notario y el abogado abandonaron la oficina. Janto corrió tras ellos. En contra de su voluntad, tuvo un sentimiento doloroso al ver a su antiguo jefe que, pálido y con el rostro transfigurado, privado de nombre, fortuna y libertad, rechazado por todos, agarró convulsivamente el respaldo de la silla que estaba a su lado.

Don Bartolomeo trató de evitar la mirada de su víctima que, en ese momento, le recordaba de manera extraña al moribundo don Fernando. Con aspecto preocupado, salió corriendo de la oficina.

Casi de inmediato, José se levantó. En su mente turbada surgió una nueva idea: ¿no era él el marido de Dolores? Con mano temblorosa, sacó el certificado de matrimonio de su bolsillo y se lo entregó al viejo Conde.

– Soy su yerno, don Pedro de Mornos. No querrá aplicar el artículo de la Ley, lea aquí, al marido de su única hija.

Don Pedro, sin leer, rompió el papel y arrojó los pedazos a los pies del pobre.

– Este documento tendría valor si fueras el hijo legítimo de mi hermano y no un esclavo sin nombre ni derechos. Ante la Ley, tu matrimonio no tiene valor – dijo con desprecio.

– ¡Pero, lo tiene ante Dios! ¡Dolores se convirtió en mi esposa por su propia voluntad!

– Su intento de suicidio demuestra lo espontánea que fue su decisión y la felicidad que le trajo su amor – observó Ramiro en tono cáustico.

– El problema entre nosotros era el dinero, no el amor. Enviaste a tu hija aquí para que se ganara mi corazón o quizás algo más importante para ti – dijo José con amargura –. Quizás ella misma, la dulce sobrina, a quien mi padre adoraba y a quien no tenía secretos, sacó del bureau los documentos que garantizaban mis derechos y entregó a su legítimo marido a un destino incierto. El fallecido hizo todo lo posible para asegurar mi felicidad y mi independencia. ¡Pobre padre! No sabía que en su lecho de muerte ya estaban revoloteando buitres, preparando muy hábilmente un golpe.

– ¡Perro travieso! ¡¿Cómo te atreves a mancillar el nombre de Dolores con tanta sospecha?! – Exclamó el viejo Conde, temblando de rabia –. ¡Cógelo y llévalo a la plaza del pueblo! – Ordenó a uno de los negros que acababan de llegar y respetuosamente esperaron en la puerta.

Obedecieron. Al ver que había sido apresado por los brazos de los mismos esclavos que habían obedecido sus órdenes desde su nacimiento, José se enfureció. Luchaba como un loco, y solo con gran esfuerzo lograron atarlo y llevarlo a la plaza.

Cientos de negros y sus capataces ya se reunieron allí. Los asistentes del gerente estaban un poco separados.

Todos los ojos se volvieron con curiosidad y miedo hacia José, pálido, despeinado, con la ropa rota. Cuatro hombres fuertes lo sujetaron. Después de una breve espera, que pareció una eternidad a la multitud, llegó don Pedro, acompañado de sus hijos y de don Janto. En unas pocas palabras benévolas, el viejo amo anunció a los esclavos reunidos que ahora tenían un nuevo amo y les prometió facilidades y una vida mejor.

Las últimas palabras del Conde fueron respondidas con gritos de alegría. Esa multitud con esperanza y euforia recibió al padre y a los hermanos de Dolores, su buena e incansable patrona. Ninguna mirada de lástima o simpatía se dirigió al hombre severo y cruel que tan despiadadamente ejercía su poder sobre ellos. Regresó a la esclavitud, de la que le había arrebatado el azar, y eso no era más que justicia.

– ¡Llévense al esclavo José! Cámbienle de ropa, enciérrenlo en una cabaña y no le quiten los ojos de encima – ordenó Ramiro, a quien su padre le dio toda la libertad para administrar las propiedades.

– Scipión, serás el guardia del perezoso y lo velarás para que trabaje en el campo como los demás. Durante mucho tiempo se suponía que el trabajo fortalecería esas espaldas, que son demasiado delicadas para soportar la fatiga de un viaje a Europa.

Al ver a José caer al suelo como un cuerpo sin vida, Ramiro volvió el rostro con una sonrisa sarcástica y se dirigió a la casa, seguido de Don Janto.

– Don Bartolomeo, ven a verme de noche. Espero que nuestra conversación te satisfaga – añadió amablemente.

Sin sentido, José fue sacado de la plaza. Mientras estaba inconsciente, le pusieron ropa de esclavo: una camisa y pantalones de tela áspera. Luego lo arrojaron sobre la paja.

Ya era de día cuando el infortunado recobró el sentido. Estaba tan quebrantado moralmente que ni siquiera vio dónde estaba. Indiferente, sin pensar en nada ni desesperado, José cerró los ojos. No escuchó cuando se abrió la puerta y Scipión entró en la cabaña con un látigo en la mano.

Por un minuto, el negro con aire de grosera suficiencia se quedó mirando a su antiguo amo, ante quien tembló durante tantos años y a quien un hecho increíble había terminado por entregarlo.

– ¡Levántense, holgazanes, y vayan a la plantación de caña de azúcar! – Gritó Scipión, dándole una fuerte patada.

José se estremeció y, al ver a su antiguo esclavo, se puso furioso. Saltó para avanzar sobre Scipión, pero Scipión dio un paso atrás, lo azotó y gritó:

– ¡Oh! ¡Sinvergüenza! ¡Todavía te atreves a rebelarte contra tu capataz! ¿Olvidaste que tu poder se ha ido y ahora aquí somos más importantes que tú?

José se detuvo, petrificado. Una mancha de sangre apareció en su camisa, y un dolor terrible, que sintió por primera vez, le impidió razonar y moverse. Scipión aprovechó el momento y llamó a los esclavos. A José lo agarraron y lo llevaron a la fuerza a la plantación de caña de azúcar. Ya estaban Ramiro y Janto. Montado en Baobdil, el caballo favorito del propietario destituido, el joven Conde estaba haciendo preguntas sobre el tamaño de la plantación de caña de azúcar, cuando José llegó conducido, o, mejor dicho, arrastrado.

– Esclavo José – dijo Ramiro mirándolo –, ve a trabajar y con tu cuidado trata de justificar los años que pasaste en la mayordomía. Si eres diligente, te recompensaré y tal vez te liberaré.

José levantó la cabeza y los jóvenes intercambiaron miradas de odio.

– ¡Tu ladrón! Puedes matarme, pero no trabajaré en mi propia tierra. ¿Qué significa un crimen más para ti?

Ramiro sonrió.

– Scipión, tu subordinado trabaja más con la lengua que con las manos.

Ferozmente, Scipión agarró al infeliz joven por el cuello y, azotándolo, lo empujó hacia la multitud de negros. Don Bartolomeo, al oír los gemidos del pobre, se movió, se dio la vuelta y empezó a hablar con uno de sus ayudantes.

Mientras tanto, pusieron un machete en la mano de José para que pudiera empezar a cortar el bastón. Scipión no soltó el látigo mientras el infortunado, vencido por el dolor físico, no se sometió a una necesidad severa y comenzó a trabajar de inmediato.

Cuántas veces, montado en su fiero corcel, el altivo José miró con calma los mismos anteojos y gritó: "¡Haz que este vagabundo se mueva!" Ahora, cuando él mismo experimentó ese trato humillante, nadie sintió lástima por él. Nadie miró el rostro desfigurado y la espalda ensangrentada del hombre, cuya imagen durante muchos años hizo temblar a todos y cuya presencia significó más trabajo para los esclavos.

Ramiro notó la perturbación de Janto. Cuando el gerente quiso desaparecer con el pretexto de tener unas órdenes que dar, el joven Conde lo detuvo y le preguntó irónicamente:

– ¿Le resulta desagradable lo que hemos visto ahora, don Bartolomeo?

– Te confieso, Conde, que no esperaba verte aplicando todo el rigor de la Ley al hijo de tu tío. Si doña Dolores gozaba de buena salud, seguramente protegería al hombre que por unas horas fue su marido.

– ¡Y ella no tendría razón! Este infame esposo no tuvo reparos en dejar que ella fuera envenenada por la mujer que también es su concubina, según supe, don Bartolomeo.

– Hace mucho tiempo que Gilda dejó de hacerme ese papel, don Ramiro. Solo el extraño amor de Don José por ella me obligó a ser condescendiente con todas las fechorías de esa perra – respondió el gerente.

– ¡Oh! ¡Excelente! Es necesario unir a estos dos amantes dignos el uno del otro y obligar a Gilda a trabajar también. Ella no se desempeña como supervisora. Entonces pueden casarse entre ellos. Eso, al menos, acabará con los chismes sobre la tonta historia de su matrimonio con Dolores – concluyó Ramiro, riendo con todo el corazón.

La noche anterior, Scipión le había entregado a don Pedro la carpeta y la carta de Dolores. Terriblemente desesperado, el anciano se quedó al lado de la cama de su hija, dejando todo el asunto a Ramiro.

Capítulo 10

A través de Bartolomeo, Ramiro se enteró del amor de Dolores por Alfonso y decidió unir a los jóvenes. Preguntó por el capitán y supo por uno de sus amigos que vivía en La Habana y que el "Silfide" y su comandante llegarían pronto a Cuba.

Esa noticia estimuló a Ramiro y convencido que el mejor remedio para Dolores sería la presencia del hombre amado y la certeza de pertenecer a él, el joven Conde decidió eliminar todos los obstáculos y el vago recuerdo del infeliz matrimonio de su hermana con José, que, dicho sea de paso, no debía llegar a los oídos de Vasconcellos.

Ramiro conocía el carácter franco, magnánimo y escrupuloso de su amigo de la infancia, que no solo insistiría en un divorcio formal, sino que también protestaría por el trato inhumano que se le daba a José. Y Ramiro no tenía ganas de cambiar de actitud, ya que no podía olvidar o perdonar a su primo por las innumerables humillaciones que le había hecho sufrir. Tampoco podía olvidar que las constantes demoras y la ironía despectiva de José eran la única causa de las desgracias de la familia.

Convencer al padre y la hermana no sería difícil. Todo lo que quedaba era asegurar el silencio del testigo más peligroso, el abad Linier, y destruir el acta de matrimonio que figura en el libro de la iglesia. Pero al investigar el carácter del joven sacerdote, Ramiro no tuvo dudas que llegaría a un acuerdo con él.

Finalmente, el "Silfide" fondeó en La Habana. Sabiendo esto, Ramiro se dirigió a la ciudad y encontró fácilmente a su amigo. El relato de los hechos animó a Vasconcellos; solo la noticia del intento de suicidio de Dolores le causó un gran dolor.

– ¡Cálmate! Ahora ella ya se está recuperando. Creo que si la visitaras en la hacienda sería la mejor medicina para mi hermana pequeña loca – observó Ramiro enérgicamente.

– Dudo que doña Dolores disfrute de su juego – dijo el capitán, sonrojándose.

Ramiro se rio a carcajadas.

– ¡Ven y pregúntale! Durante su delirio, Dolores solo habló de ti e incluso te dejó una carta de despedida. Como puedes ver, no voy a revelar ningún secreto especial. Si no la has olvidado, ven a recibir la bendición de mi padre y el beso de compromiso – respondió el Conde, ahora en tono serio.

En lugar de una respuesta, Alfonso simplemente le dio un gran abrazo.

La convalecencia de Dolores fue lenta, pero la alegría de ver a sus familiares ayudó. Sin embargo, todavía estaba muy débil y parecía haber perdido la memoria, ya que nunca habló de lo sucedido, no preguntó por José y no se sorprendió en absoluto de ver a su padre haciendo el papel de dueño de la hacienda.

Don Pedro, temeroso de trastornar a su hija, trató de evitar las alusiones a los tristes acontecimientos que habían provocado su enfermedad.

El viejo Conde recibió a Vasconcellos como hijo. Sin la menor vacilación, consintió el matrimonio y, con aire alegre, se lo llevó a la enferma.

Dolores estaba durmiendo en la hamaca. Su lividez y terrible debilidad rompieron el corazón de Alfonso. Ya había leído la carta de despedida de la joven y estaba lleno de ternura y amor. Mientras se inclinaba sobre ella, el joven tocó la pequeña mano diáfana de Dolores con los labios. Luego abrió los ojos. Por un minuto, ella lo miró confundida. Luego se estremeció, se sonrojó y tartamudeó:

– ¿Estás aquí, don Alfonso?

– Sí, querida, está aquí para no separarse nunca de ti – dijo don Pedro, tomando la mano de Vasconcellos –. Sana pronto para poder celebrar tu boda. Y ahora, hijo mío, besa a tu novia y diviértela. Te encomiendo a mi hija.

Feliz y emocionada, Dolores se dejó besar. Pero de repente su rostro se puso triste y su mirada pasó de su padre a Ramiro. Los dos sonreían felices. Pronto, el interesante amor del capitán la distrajo y parecía haber olvidado lo que oprimía su corazón.

El día pasó rápido. A las siete de la noche, don Pedro, que temía cansar demasiado a su hija, dijo que para ese día ya habían hablado mucho de amor y que Dolores debía irse a dormir. Entonces todos se fueron y Ramiro llevó a Vasconcellos a su habitación. Durante la conversación, Alfonso preguntó:

– ¿Dónde está José?

– Resulta que por ley se convirtió en esclavo. Lo envié a la plantación para experimentar la grata vida de los negros, con quienes era tan severo. Por supuesto que trabaja con moderación. Mi padre decidió darle su libertad justo después que te casaras y viajaras. También le dará una buena suma de dinero y lo enviará a Europa. ¡Que viva allá como desee! – dijo Ramiro.

– Reconozco la generosidad de don Pedro. ¡Pero, el castigo, a ese miserable es bien merecido! ¡¿Cómo debió torturar a nuestra pobre Dolores si ella decidió quitarse la vida?! Gracias a Dios que llegaste a tiempo para evitar el matrimonio con José.

La llegada de un sirviente interrumpió la conversación entre amigos. La esclava dijo que doña Dolores le pidió a Ramiro que fuera a verla de inmediato. El joven Conde accedió al pedido de su hermana y encontró a Dolores ya en la cama, preocupada y conmovida.

– ¿Qué quieres, Dolores? – Preguntó Ramiro, sentándose a su lado en la cama.

La joven se levantó y, tomando a Ramiro de la mano, dijo con desánimo:

– Quiero preguntarte sobre algo que me ha atormentado desde temprano, aunque lo había olvidado hablando con Alfonso. Es solo que mi cabeza todavía está muy débil. Dime, ¿sabes que estoy casada con José? ¿Dónde está? ¿Por qué no aparece? ¿Cómo podría papá hacer que nos comprometiéramos si ya estoy comprometido con otra persona y mi felicidad se destruye para siempre?

– ¡Cálmate, querida, eres libre! ¿Papá admitiría esto si no tuvieras derecho a casarte? El tío no legitimó a José, por lo que él, como hijo de un esclavo, se convirtió en esclavo y perdió todos los derechos. Tu matrimonio con él no tiene ningún valor bajo la Ley. Pero como está enfurecido y podría atacar a Vasconcellos e incluso matarlo, lo mantenemos recluido, tratándolo con toda condescendencia, ¡por supuesto!

Cuando te cases y te marches, él tendrá la libertad, una cantidad razonable de capital y podrá ir a donde quiera – tranquilizó su hermana.

– Pero, desde el punto de vista moral, no puedo considerarme libre, ¡porque nuestra unión fue consagrada por la Iglesia! – Exclamó Dolores con sospecha y ansiedad.

El Conde, durante un minuto, tamborileó con los dedos sobre la cama. Luego miró a su hermana con una mirada inquisitiva.

– ¡Dime la verdad! ¿De verdad te convertiste en su esposa?
¿Sí o no?

– ¡Es claro que no! – respondió Dolores, sonrojada.

– En ese caso, la ceremonia fue un simple trámite sin consecuencias. Además, a su favor está el hecho que casi nadie conoce esta historia. El abad Linier viajó a Europa y la Iglesia, con todos los libros donde se pudo registrar su matrimonio, se incendió. Entonces no hay pruebas de esta historia.

– En cualquier caso, debo decirle a Alfonso toda la verdad. No puedo omitir esta circunstancia tan importante de él.

– Bueno, eso sería totalmente inconveniente. Solo crearía una serie de molestias – interrumpió Ramiro –. ¿Por qué decir que durante unas horas fuiste esta miserable esposa solo en el papel? Alfonso es, por momentos, insoportablemente formalista y exigiría el divorcio. El caso se demoraría, llegaría al obispo y caería en boca del pueblo, lo que no sería bueno para ti. Pero si no lo hace, puede evitar toda esta charla. Mi padre, don Bartolomeo y yo decidimos no contarte nada de este desagradable caso. Si decimos que puedes casarte con tu apuesto capitán con la conciencia tranquila, creo que puedes creernos. Y más: José también fue informado que su matrimonio no es válido. Recibió esto con mucha calma y declaró que le gustaría casarse con Gilda.

– ¿Él realmente la ama? – Preguntó Dolores, sonrojándose mucho.

– Al parecer, la ama con pasión. Y tú, creo, no querrás obstaculizar su felicidad, ¿verdad, Dolores?

– ¡Claro que no! Acepto tus argumentos y me quedaré callada, aunque me molesta mucho tener secretos de Alfonso.

El tiempo que siguió fue muy feliz para la joven. La compañía de Alfonso ya no era un fruto prohibido para ella. Vasconcellos la rodeó abiertamente de amor y cuidado. Ella se deleitaba con el lujo que tanto amaba. Su querido padre y hermanos, junto con ella, disfrutaban de la riqueza y su futuro estaba libre de amarguras.

Sin embargo, la vida de José fue una tortura. Las palizas, los insultos, el trabajo duro bajo el látigo de su antiguo lacayo, lo llevaron a una inerte desesperación y sumisión. No notó nada de lo que sucedía a su alrededor.

Pero el rumor de la boda de Dolores lo sacó de ese letargo espiritual. La revuelta se elevó en su corazón y la furia cegó su mente. Gilda, quien fue colocada en su choza, instigó su estado mental, contándole detalles de lo que estaba pasando en la casa grande.

Ramiro inventó otra refinada burla para José: le dijo que ordenara la casa, donde los recién casados pasarían sus primeros días juntos, un pabellón aislado en la isla en el parque. Es imposible describir los sentimientos del infeliz joven en esas largas horas de refinada tortura. Al parecer, parecía una máquina, pero en su interior se estaba gestando algo infernal, un huracán abrumador maduró, precedido de una pausa, como ocurre con los ciclones más terribles.

Con sombría indiferencia, escuchó las conversaciones de Scipión con los trabajadores y así se enteró de la fecha de la boda. También supo que la fiesta comenzaría con un gran baile y terminaría a la medianoche con la ceremonia de la boda. Luego, los invitados acompañarían a los recién casados a través del parque iluminado hasta el borde de la presa. Desde allí, una góndola dorada los llevaría al pequeño paraíso.

El día de la boda, Ramiro ordenó que José y Gilda se casaran. José resistió esa burla, pero fue golpeado sin piedad y, ensordecido, se presentó ante el altar con la horrenda mulata. Ramiro, con una sonrisa diabólica, presenció la ceremonia sacrílega. La rabia se apoderó de José.

– ¡Ladrón asqueroso! ¿Qué más te atreviste a inventar? ¡Ya estoy casado con tu hermana! – Gritó, fuera de sí –. ¡Prefiero la muerte a esta comedia!

– Tu obligación es obedecer, no hablar – respondió Ramiro, señalando a Scipión.

Entonces una lluvia de latigazos cayó sobre el infortunado. De hecho, uno de ellos le golpeó la cabeza y fue tan fuerte que perdió el conocimiento. A Ramiro le arrojaron un balde de agua fría. Entonces comenzó esa terrible farsa matrimonial.

Cuando todo terminó, Ramiro, irónicamente, ordenó a los recién casados que disfrutaran de su felicidad y fue a ver a Dolores. La niña estaba junto a la ventana, pálida y distraída. Ramiro fingió no darse cuenta de eso y empezó a hablar alegremente de la fiesta y de la alegría e impaciencia de Alfonso. Luego añadió:

– Por cierto, acabo de presenciar una ceremonia. que es de tu interés, Dolores. José se acaba de casar con Gilda.

La joven reaccionó.

– ¡Oh! ¿Quieres decir que es amor verdadero?

– ¡Sin duda! Se veía muy feliz. Tan pronto como se vaya, lo soltaremos a él y a su esposa. ¡Los dejaremos vivir donde quieran!

– ¿Y no expresó ningún deseo de verme? – Preguntó Dolores con cierta inseguridad.

– ¡Oh! ¡No! Él entiende que verte no tiene ningún propósito y sería un inconveniente. Desde que José regresó a su medio, se ha convertido en un joven muy prudente.

A solas, Dolores comenzó a pasear por la habitación, agitada. Al principio, al recibir la noticia del matrimonio de José, sintió un verdadero alivio: si él se casaba, ella podría sentirse tranquilamente feliz. Sin embargo, esa tranquilidad no duró mucho. Una extraña duda y un vago sentimiento se apoderaron de su corazón de nuevo. Para ella era completamente incomprensible que José, sin protestar ni arrepentirse, la hubiera abdicado. Por mucho que la joven tratara de ahuyentar esa insistente duda, seguía atormentándola.

Pero la llegada de un grupo de jóvenes para vestir a la novia distrajo a Dolores de sus oscuros pensamientos. Así que cuando entró en la habitación luminosa, vestida como una reina y hermosa como un sueño, se olvidó de todo menos de la felicidad que llenaba todo su ser.

Mientras tanto, en la aldea de esclavos, al estar solo con su esposa impuesta, José cayó impotente sobre la paja y quedó inmóvil en una especie de letargo. Incapaz de pensar, sintió solo un peso terrible en su corazón. El agudo dolor de los latigazos le hacía gemir de vez en cuando. Y así pasó el día.

Por la noche, cuando el ruido de la fiesta, la música, el canto y los gritos de los negros llegaban a la cárcel del hacendado depuesto, José despertaba de su apatía, que daba paso a una tormenta de ira y celos. Como un tigre en una jaula, corrió por la cabaña, rechinando los dientes y apretando los puños.

En su imaginación llameante había una imagen resplandeciente de la traidora Dolores, que se casaba con Alfonso, contrariamente a todas las leyes divinas, rechazándolo a él y a sus derechos como esposo. En pocas horas pertenecería al apuesto marinero, mientras que, a él, José, se habían atrevido a casarlo con una repugnante esclava.

De repente se le ocurrió una idea. Debía de ya ser medianoche y probablemente los guardias habían salido para unirse a la juerga. Entonces, debería aprovechar ese momento y escapar de allí. En la esquina de la cabaña, donde pasó su primera noche como esclavo, José escondió el anillo que se le olvidó quitarle: en él estaba grabado el nombre de Dolores y el día de su boda. Después de una búsqueda rápida, José lo encontró. Disgustado, se quitó el anillo de plata que le habían puesto esa mañana del dedo, se puso el de oro y se sintió fuerte y seguro en sus derechos.

Luego se levantó y miró a su alrededor. ¿Cómo saldría de ahí? La ventana era muy pequeña y la puerta estaba cerrada. Luego llegó a la puerta y la forzó.

Mientras tanto, Gilda nunca apartó los ojos de José.

– ¿Qué pretendes hacer, loco? ¿No sientes pena por tu espalda? Tu presencia es innecesaria en la fiesta. Además, no tienes derecho a dejarme aquí. ¡Después de todo, eres mi esposo!

– ¡Cállate, idiota! – murmuró José.

– ¡¿Idiota?! ¡Oh! ¡No! ¡Soy el único amigo que te queda! Dios te castigó por reírte en mi cara, decir que soy vieja y gorda y que solo sirvo como amante, cuando hablé de la posibilidad de casarme. No respondí a tus insultos, pensando que no querías poner celoso a Bartolomeo. Ahora, cuando eres abandonado por todos, cuando nadie más quiere saber de ti y todos te desprecian por tu mal carácter y tu miseria, yo soy la única que se ha mantenido fiel a ti.

¡Ah! ¡La puerta cruje, José! ¡So burro! Te prohíbo que me dejes aquí por causa de la fiesta, ¿me oyes? ¡O empezaré a gritar tanto que todos vendrán corriendo aquí!

La última frase fue demasiado imprudente por parte de Gilda. Si, en la penumbra, pudiera ver el rostro alterado y feroz de su compañero, se estremecería de terror. José vio una cuerda con un lazo al final, que colgaba del techo y se usaba para colgar cosas. Con un movimiento rápido, levantó a la musaraña por la nuca y, antes que ella pudiera adivinar su intención, metió la cabeza en la soga. Luego le ató los brazos y corrió hacia la puerta. La increíble emoción duplicó su fuerza y con un solo empujón de su hombro rompió la puerta.

No se equivocaba: los dos guardias habían abandonado sus puestos cerca de la cabaña. Con la velocidad de un ciervo perseguido por perros, José llegó al parque y se dirigió a la isla.

Necesitaba tomar un desvío largo para evitar los carriles iluminados llenos de gente. Pero conocía cada árbol, cada camino, y sin ninguna dificultad llegó al estanque y se escondió entre los arbustos. Luego se arrastró a un lugar más oscuro y tenía la intención de nadar hasta la isla cuando notó un pequeño bote que estaban usando los sirvientes. Queriendo mantenerse seco, José se subió a la barca y, en unas pocas brazadas, ya estaba en la isla.

Cuando llegó, se volvió a esconder entre los arbustos y miró el borde opuesto. Pronto los gritos, las exclamaciones de júbilo y la música anunciaron el acercamiento de la procesión.

Delante llegaron los recién casados. Intercambiando los últimos besos y reverencias, entraron en la góndola dorada con dos remeros esperándolos. Por un segundo, la mirada ardiente de José se detuvo en la pareja. Luego se volvió y, como una sombra, entró en la casa.

Alfonso y Dolores, felices y emocionados, miraron la casa lujosamente iluminada que se reflejaba en las serenas aguas de la presa. Cuando la góndola llegó a la orilla, Vasconcellos salió primero del bote y ayudó a la mujer. Mientras pagaba a los remeros, Dolores entró en la casa y se dirigió directamente al dormitorio. Se detuvo, admirándose en el espejo del tocador. Quería llamar a Sara para que se quitara el pesado vestido, pero en ese momento entró su marido y ella, olvidando su intención y sonriendo, se volvió hacia él.

Alfonso tomó la espada de su cintura y la arrojó sobre la silla. Luego se acercó a su esposa y la abrazó, sosteniéndola contra su pecho.

– Gracias a Dios, finalmente me perteneces de por vida. Una vida llena de felicidad que espero te haga olvidar todo lo que sufriste.

– ¡Oh! ¡Lo feliz que estoy! ¿Podría alguna vez esperar que todo saliera tan bien? – Respondió la joven, deleitándose con las palabras de amor que le susurró.

De repente se estremeció y se levantó. Parecía haber escuchado algunos pasos y fuertes sibilancias.

"¿Ha entrado alguno de los perros de caza de Ramiro?" – Pensó y de repente gritó.

De detrás de la pesada cortina de la cama salió un hombre vestido de esclavo. En ese rostro pálido, flaco, mudado, que le daba una mirada siniestra, Dolores reconoció a José,

Alfonso también lo escuchó. Al saltar del sofá, gritó, enrojecido de ira:

– ¡Insolente! ¡¿Cómo te atreves a entrar aquí?!

– ¡Estoy aquí en mi casa! ¡Vine a defender mis derechos y exigir a mi esposa! Puedes ser su amante. ¡Soy José de Martinez!

Dolores cerró el rostro con las manos. Asombrado y emocionado, Alfonso miró al ex hacendado, a quien apenas reconoció en la desafortunada criatura que tenía frente a él.

– ¡Explícate claramente! – Dijo, después de una breve vacilación.

– No soy un loco, como podría pensar – respondió José con amargura.

Luego, en pocas palabras, le contó la desaparición de todos sus documentos, que atribuyó a un robo premeditado. Luego describió el trato vergonzoso e inhumano que estaba recibiendo, y finalmente mencionó su matrimonio con Dolores.

– ¡Aquí está la prueba irrefutable de nuestra unión sagrada! – Añadió, quitándose el anillo y entregándoselo a Vasconcellos. Mientras José hablaba, una palidez cubrió el rostro del hombre.

– ¡Dilo! – Gritó con voz ahogada, apretando con fuerza la mano de la joven –. ¡Responde! ¿Es cierto lo que cuenta este hombre?

– ¡Niéguelo si se atreve! De hecho, ¡la culpa está escrita en todo tu rostro! – José observó con desdén.

Con esas palabras, Dolores se levantó. Estaba pálida pero resuelta.

– ¡Es verdad! – ella dijo –. Aprovechando la infelicidad de mis familiares, me obligó a casarme, que duró unas horas y fue solo formal. Mis parientes me aseguraron que este matrimonio no es válido porque José es un esclavo y no tiene derechos civiles. Por lo tanto, por ley, soy tu esposa y él no tiene ningún derecho sobre mí.

– ¿Y así responderás a Dios? – Preguntó Vasconcellos severamente –. ¡La ceremonia sagrada es sagrada para siempre! ¿Y cómo pudiste engañarme así tú, a quien adoraba como un ideal femenino? ¿Cómo puedes pasar por alto esta circunstancia tan importante? ¡Si me confesaras todo, te divorciaríamos y serías libre! Don José tiene razón, es tu marido legítimo. Y yo, para ti, no soy nada...

Por un momento se quedó en silencio. Luego, volviéndose, añadió con voz temblorosa de ira y amargura:

– ¡Entonces quédate con él! Me voy porque te amo demasiado para ser tu amante.

Dolores se tambaleó. Luego, lanzándose sobre Vasconcellos, gritó con voz angustiada:

– ¡Alfonso! Decidí suicidarme para deshacerme de José. Y tú, ¿ahora quieres dejarme a discreción de su brutalidad? ¿Es este el amor que me juraste? ¡Quédate si me amas! Prefiero ser tu amante que su esposa.

Vasconcellos se detuvo. Su mirada nunca dejó a Dolores, quien cayó de rodillas y suplicante extendió sus manos. Nunca había estado tan hermosa como en ese momento de emoción y desesperación. José tampoco apartó los ojos de ella. Toda su pasión salvaje, contenida durante tanto tiempo, surgió a través de él con nueva fuerza. Parecía que sus venas, en lugar de sangre, corrían metal fundido. Uno puede imaginar su locura y su furia cuando Alfonso, con mirada fulminante, se arrojó sobre Dolores, la levantó y gritó:

– ¡Que Dios sea nuestro juez! ¡Me quedo contigo!

– ¡Cobarde! ¡Traidor! ¡Muere antes de tenerla! – Siseó José y corrió hacia la silla, donde estaba la espada del capitán.

Antes que Alfonso pudiera adivinar su intención, José agarró la espada y la clavó en el abdomen de Vasconcellos, quien tropezó, extendió la mano y cayó sobre la alfombra, bañado en sangre.

Dolores, petrificada, atónita, miró ese espantoso espectáculo. Cuando José pasó por encima del cuerpo de Alfonso y extendió la mano para tomarla, el instinto femenino la hizo reaccionar. Ella saltó hacia atrás y agarró el cable del timbre, pero ya había sido cortado. Sabiendo que nadie la ayudaría, la joven, sin fuerzas, se sentó en la cama. Como una bestia salvaje, José corrió hacia ella y, rompiendo su resistencia, la tomó por esposa.

Esa fue la satisfacción de su pasión y de su venganza: hacer a Dolores indigna para siempre de Vasconcellos, un noble altivo y escrupuloso, si es que todavía vivía. Y con un gesto grosero, trajo a la joven a sí misma solo para que ella fuera realmente consciente de esa grosera venganza y deshonra.

Sara estaba esperando en el vestuario a que llegara su joven ama. Cuando escuchó entrar a los recién casados, no pudo contener su curiosidad y miró por el hueco de las cortinas. Vio a Alfonso y su esposa sentados en el sofá como dos tortolitos. La niña sonrió feliz y se fue.

Cuando regresó a casa, un leve gemido llegó a sus oídos, acompañado de un suspiro ronco. Sara se estremeció y su corazón se congeló. El suspiro se repitió, corrió al dormitorio y se detuvo en la puerta inmóvil. Vio a Vasconcellos, gimiendo en un charco de sangre, ya unos pasos de él Dolores, estirada, con el vestido completamente desgarrado, con aspecto de muerta. El candelabro en el suelo era evidencia de una lucha.

Horrorizada, Sara miró esa atrocidad. Luego se escapó y gritó fuera de sí:

– ¡Ayuda...! ¡Asesinos!

En el comedor de la casa grande no cabían todos los invitados. Así que improvisaron otro en un área grande en el exterior, colocando una carpa muy iluminada en una plataforma de varios escalones. En la mesa, donde relucían la plata y el cristal, se reunieron todos los jóvenes. Ramiro acababa de brindar por los invitados, cuando entró un esclavo agitando los brazos y gritando:

– ¡Ayuda! ¡Ayuda! ¡Están matando a los recién casados!

Un silencio mortal duró unos momentos y luego comenzó un alboroto. Todos saltaron, derribando las sillas. Luego, la multitud de invitados corrió por el parque hacia la presa.

Ramiro y Janto iban al frente. Fueron los primeros en llegar al borde y saltar a la góndola. Pero, la multitud estaba tan emocionada y curiosa que algunos hombres saltaron corriendo, corriendo el riesgo de volcarla. Otros se arrojaron al dique y se fueron nadando. Sin embargo, nadie más que Ramiro se atrevió a entrar en la casa. Todos se reunieron alrededor de Sara. Pero esta parecía tan perturbada que no se pudo saber nada de ella.

Un minuto después, Ramiro salió de la casa. El joven Conde estaba terriblemente pálido, su rostro transfigurado.

Llamó a Janto, Sara y algunos sirvientes. Después de un tiempo, el gerente se fue. Detrás de ellos, sobre una alfombra, llevaban a Vasconcellos y, en una camilla improvisada, a Dolores. La fiel camarera, llorando, la siguió. De repente ella gritó:

– ¡Era don José quien estaba en la casa! ¡Oh! ¡Sinvergüenza! ¡Fue él!

Con esas palabras, Ramiro, que estaba ayudando a meter a su hermana en la góndola, se detuvo y, golpeándose la cabeza con la mano, habló enfadado:

– ¡Oh! ¡Perro maldito! ¡¿Cómo no se me ocurrió?!

Cuando llegaron a la orilla, Scipión se arrojó sobre el Conde y gritó con la voz quebrada:

– ¡José desapareció!

– ¡Suelta la manada tras él! ¡Cien doblones para quien lo traiga vivo o muerto! – dijo el joven Conde, limpiándose la espuma de los labios.

Pero las desgracias de esa noche aun no habían terminado. Cuando don Pedro se enteró de lo sucedido, tuvo un derrame cerebral y Kakhla Sarma tuvo que hacerse cargo de los tres. Todos los invitados increíblemente emocionados se fueron.

Los Condes de Mornos ya se habían ganado la simpatía de sus vecinos, quienes lamentaban sinceramente la desgracia que había caído sobre su familia. En opinión general, el culpable era José, quien para vengarse de su situación había matado pérfidamente a su esposo y violado a su esposa, irrumpiendo en su casa. Nadie sabía sobre el matrimonio; por lo tanto, no hubo ningún factor atenuante para José y todos sintieron unánimemente que merecía ser ejecutado de la manera más cruel.

A partir de entonces llegaron tiempos difíciles. El Conde se estaba recuperando lentamente de su ataque que por poco había fallado en matarlo; Vasconcelos estaba entre la vida y la muerte; pero lo peor de todo era el estado de Dolores: había perdido la cabeza.

Cuando despertó, después de largas horas de desmayos, su mirada sombría no expresaba nada. La joven estaba apática y ni siquiera reconocía a sus vecinos. Solo se alimentaba cuando le daban comida en la boca y no dejaba que nadie la tocara, salvo el hindú y Sara. A cualquier otro, ella empujaba y se escapaba con gritos estridentes:

– ¡Es él...! ¡Es él!

Ramiro estaba fuera de sí. Con lágrimas de desesperación besó a su hermana, tratando que ella lo reconociera, pretendiendo dar lugar a su memoria. Pero todos los esfuerzos fueron en vano. Temblando con todo el cuerpo, Dolores se soltó de sus brazos, se apretó en un rincón y gritó, empujando al enemigo invisible con los brazos:

– ¡Es él! ¡No me toques!

José desapareció sin dejar rastro. Los perros no pudieron rastrearlo debido al agua mientras nadaba por el vertedero.

Ramiro estaba enojado. El futuro de su hermana y la incapacidad de vengarla casi lo vuelven loco. Alfonso finalmente se recuperó. Difícil de describir su desolación cuando se enteró que Dolores se había vuelto loca. El joven decidió entonces dejar Cuba para siempre y pronto se fue en el "Silfide."

Un nuevo golpe aguardaba a los orgullosos Condes de Mornos. Pronto, resultó que Dolores sería madre. La noticia de su embarazo llegó a Ramiro más que a los demás; tal vez porque se sentía culpable por esa desgracia. Preso de verdadera furia, le arrancó la ropa y mordió los muebles. Anhelaba lavar la indignación de su hermana con la sangre de José.

Con nuevas motivaciones, reanudó la búsqueda del fugitivo, cuya pista, según le pareció, estaba en La Habana. Supuso que José quería huir a Europa. Olvidamos mencionar que un collar de diamantes de Dolores había desaparecido de su cuello el cual había sufrido varios rasguños. La joya era de un valor enorme, y si el fugitivo podía venderla sin que lo atraparan, solo con el diamante más pequeño podría no solo viajar sino también tener un capital decente.

Pero la pista era falsa. Entonces toda la ira de Ramiro cayó sobre el desafortunado niño, a quien maldijo y juró estrangular tan pronto como naciera.

"Quizás también debería enviar a Dolores a un mundo mejor para hacerle bien, y dejarla morir sin conocer su vergüenza", le decía enojado a Janto.

Cuando intentó disuadirlo, el joven respondió:

– ¡No digas tonterías, don Bartolomeo! No tiene sentido recuperar la conciencia para perderla de nuevo al enterarse de esta deshonra.

Capítulo 11

Las desgracias siguieron acechando a los Condes de Mornos. don Pedro tuvo un segundo derrame cerebral. Sintiendo la proximidad de la muerte, el anciano Conde llamó a Ramiro y le exigió que jurara tratar al hijo de Dolores como un miembro legítimo de la familia y cuidar de ella. Al escuchar el juramento, don Pedro murió tranquilo.

Para todos, el nacimiento del hijo de Dolores no haría ningún bien. Solo el viejo y sabio hindú depositaba grandes esperanzas en el niño. En su opinión, la emoción del parto podría hacer que la desgraciada volviera a la razón.

Y eso es realmente lo que pasó.

Tras el parto, Dolores durmió profundamente y, al despertar, mostró los primeros signos de lucidez. Junto a la lucidez, recuperó la memoria, restaurando implacablemente todo lo ocurrido en la casa de la isla.

Llena de vergüenza, rabia y desesperación, la joven rompió a llorar.

El hindú no dejaba que nadie se acercara al convaleciente y apenas dos semanas después permitió que Ramiro entrara a su habitación. Silencioso, el hermano la abrazó. Él mismo estaba muy emocionado y asfixiado por el remordimiento y la piedad de Dolores.

Cuando la joven finalmente se quedó sin lágrimas, el Conde le pidió perdón en voz baja por haberle dado tan mal consejo. Luego añadió:

– ¿Te sientes lo suficientemente fuerte para escuchar lo que sucedió durante tu terrible enfermedad?

– ¡Sí, cuéntamelo todo! Hay un hueco en mi memoria que no he podido llenar, desde que Alfonso fue herido, o muerto, incluso cuando Sara me dio esta repugnante criatura que dicen que es mi hijo.

Fuertemente sonrojada, Dolores habló con voz temblorosa. Ramiro, aunque emocionado, parpadeó alegremente mirando la cuna y dijo con una sonrisa:

– ¡Claro que sí! ¡Sin duda es tu hijo! Y debo decirte, Dolores, que nuestro padre te bendijo. Nos obligó a jurar que amaríamos y defenderíamos a este niño.

– ¿Papá accedió a aceptar esta mancha en nuestro honor? Pero seguro que estás enfadado o ya habrías venido a verme – tartamudeó la joven.

Ramiro negó con la cabeza y sus ojos se pusieron tristes. En voz baja, comenzó a contar todo lo que había sucedido durante su enfermedad. La noticia de la muerte de su padre afligió profundamente a Dolores. Pero cuando supo que Vasconcellos estaba vivo y que el niño había sido nombrado en su honor, una inmensa gratitud y amor llenó su corazón.

A partir de ese día, la joven Condesa estuvo un poco más tranquila. Su salud mejoró rápidamente, simplemente no pudo superar su aversión al niño. Ahora vivía completamente aislada y entregada a la tristeza y los recuerdos de su padre.

Poco a poco, la tormenta en su alma amainó y se sometió a la voluntad de Dios. Con el tiempo, también despertó el amor maternal.

Comenzó a ocuparse de su hijo, superando valientemente la aversión que solo ocasionalmente afloraba. El asombroso parecido con José le recordó a él. ¿Qué le habría pasado a esa criatura intempestiva? ¿Cómo vengaron sus parientes la ofensa a su honor y orgullo familiar? Cada vez que se interrogaba interiormente, experimentaba una extraña sensación dolorosa. Incapaz de contenerse más, preguntó en tono vacilante:

– ¡Dime, Sara! ¿Qué le pasó a José? Pero dime la verdad.

La criada estaba muy nerviosa.

– Huyó al bosque y no pudieron encontrarlo. No se sabe si está vivo o si las fieras lo han destrozado.

Dolores se estremeció y cerró los ojos. ¿Qué sentía ese hombre inteligente y mimado al verse en la terrible situación de un esclavo fugitivo? Privado incluso de un techo, podría haber estado deambulando desnudo y hambriento, si las bestias lo hubieran perdonado.

Una inmensa vergüenza y remordimiento se apoderaron de su corazón. Sus familiares juzgaron tan severamente a don Fernando por haber tardado en ayudarlos. ¿Y ellos? ¿Qué hicieron cuando el azar entregó el poder en sus manos? ¡Ni siquiera la miserable libertad y algunos miles de écus[10] le dieron al único hijo del que les había dejado millones!

Ella se levantó abruptamente:

– ¡Sara! – ella dijo –. Si un día aparece José, o si lo capturan, me lo avisas enseguida, ¿estás escuchando?

– ¡Está bien, señora! Pero ¿siente lástima por Don José? – Sara tartamudeó sorprendida.

---

[10] Écu (escudo, en francés) – Moneda de plata francesa que circuló desde 1641 hasta 1793.

– ¡Claro que sí! A pesar de todo el daño que me hizo, José sigue siendo una persona humana, sufriendo e infeliz. Además, es el hijo de mi tío.

– ¡Oh! ¡Eres un ángel de verdad! Si don José se hubiera enamorado de ti a tiempo, ninguna de estas desgracias habría sucedido. ¡De qué divina felicidad se privó! – Exclamó la ingenua Sara, cubriendo de besos las manos de Dolores.

La vida para Dolores era monótona, sin alegría. Pensando en José, llegó a la conclusión que el infortunado había logrado huir al continente o Europa.

Un día, muy agitada, entró Sara corriendo y cayó de rodillas.

– ¿Qué pasa contigo? – Preocupó Dolores.

– ¡Oh! ¡Quieren ahorcarlo! – Exclamó Sara sollozando.

– ¿Colgar a quién? – Preguntó la joven, poniéndose pálida.

– ¡A don José! – Balbuceó la doncella, sobresaltada por sus propias palabras, al ver caer en el sillón a doña Dolores, pálida y desfallecida.

En la jungla, en medio de pantanos intransitables, don José había encontrado refugio. Era una choza en la que se escondían negros proscritos. Allí encontró todo lo que necesitaba para sobrevivir, incluso un rifle, pólvora y otras herramientas de caza. En el pasado, Dolores le había dado todos esos objetos a uno de los esclavos de José, ayudándolo a esconderse de la furia de su amo.

Durante mucho tiempo nadie molestó al fugitivo. Estaba esperando la primera oportunidad de llegar a algún puerto y, en algún barco, como marinero, ir a Europa.

Un día, al regresar de cazar, vio a Eleazar en un claro con otro negro.

– ¡Oh! ¡Finalmente te encontré, desgraciado! ¡Estaba seguro que encontraría este refugio! – Gritó el mulato apuntándole con la pistola.

Con la velocidad del rayo, José levantó su rifle y disparó. Eleazar cayó con un grito salvaje. Su compañero desapareció en el bosque como una sombra. En vano, José intentó alcanzarlo. Después de una larga persecución y búsquedas infructuosas, regresó desesperado a su refugio, que ahora estaba perdido para él.

Sin mirar el cadáver de Eleazar, José entró en la cabaña, tomó el collar de diamantes y colocó el machete alrededor de su cintura. Luego agarró un saco con algunas provisiones y se internó en el bosque, decidido a intentar una vez más llegar al otro lado de la isla.

Pero, también esta vez, la esperanza lo engañó. Encontraron su pista y la caza del fugitivo comenzó de nuevo con un nuevo celo, culminando con la captura del infortunado.

Luego ataron a José a un caballo y lo arrastraron por el camino hasta que perdió el conocimiento. Por ello, no se percató del trágico momento en que entró a sus propias tierras para ser ahorcado allí.

Sin embargo, un balde de agua fría en la cabeza le hizo despertar y, asustado, se encontró en la plaza del pueblo. Allí, todos los negros de la hacienda ya estaban reunidos con sus capataces. Ramiro y don Bartolomeo leyeron la sentencia. Según la ley sobre los esclavos fugitivos y otra ley sobre los esclavos que atentaron contra sus amos, José fue condenado a muerte.

Después de eso, lo encerraron en una choza.

Ramiro montó un caballo y dijo que regresaría la mañana de la ejecución, dando instrucciones a Scipión y Bartolomeo para que custodiaran al prisionero.

Al saber lo que estaba en marcha, Dolores perdió los sentidos ante el gran terror de Sara, que sabía lo dañina que era para ella cualquier emoción. Pero con sales Dolores recobró el sentido y le preguntó a Sara todos los detalles. Estaba pálida y en su rostro había una terrible lucha interior.

Muy emocionada, con lágrimas en los ojos, Dolores se arrodilló y, tras una breve, pero ferviente oración, tomó el Evangelio y lo abrió al azar. El libro sagrado le impartiría la voluntad divina, que ella obedecería. La respuesta la puso aun más pálida. Con una mano, señaló el versículo de la parábola sobre el buen samaritano; con el otro, las palabras de Jesucristo en la cruz: *"¡Padre! Perdónalos, no saben lo que hacen."*

Dolores colocó el Evangelio en el mismo lugar. Había tomado su decisión. A pesar de lo difícil que era, quería salvar a José, entonces su energía regresó. Ella ideó un plan que no solo salvaría a José de la horca, sino que también aseguraría su futuro. La voz suplicante de Sara, que repetía: "¡Sálvalo, mi buena señora! ¡No dejes que maten al padre del pequeño Alfonso!" la sacó de sus pensamientos y le recordó que debía darse prisa si quería alcanzar su meta.

– ¡Sí, Sara! Haré todo lo que pueda para salvarlo. Pero primero, manda a buscar a Scipión con urgencia.

Sara obedeció. Temblando por el temor que su marido descubriera quién le había hecho un lío al irse de boca, se escondió detrás de la cortina.

– Scipión, ¿Don Ramiro está en casa? – Preguntó Dolores, apenas entró el negro.

– No, señora. El Conde se fue a caballo y no sé cuándo regresará.

– ¡Es una pena! En ese caso, debes ayudarme a salvar el... el que trajeron esta noche – dijo con voz firme.

Scipión, indeciso y confuso, bajó la cabeza. Cuando Dolores completó:

– ¡Hazlo por mí! – fue derrotado, cayó de rodillas y besó la mano de la joven.

– ¡Mi benefactora! ¡Puedes mandarme! ¡Por ti, el pobre Scipión se dejará colgar en el lugar de José! ¡Dime que obedezca!

Las lágrimas le impidieron continuar.

– ¡Gracias! – dijo y tomando de la mesa una copa de plata que siempre usaba, se la entregó a Scipión –. Guarde esto como un recordatorio de mí y de este momento. Y ahora, ¡manos a la obra! No podemos perder un minuto.

Scipión, con inusitado celo, ayudó a la joven en todos los preparativos. En primer lugar, trajo del viejo vestuario de José la ropa interior, dos trajes de terciopelo negro, uno social, el otro de viaje, y una pequeña maleta elegante. En el forro de uno de los trajes, Dolores cosió quinientos mil reales, que le quitó a Ramiro, y algunos otros documentos. Al paquetito añadió un anillo de Don Fernando y un medallón con fotografías del viejo hacendado y el pequeño Alfonso.

Después de eso, Dolores fue a ver al prisionero. La noche era oscura, pero la joven conocía cada árbol, cada arbusto. Rápidamente, se acercó a la cabaña. Un rayo de luz a través de la rendija de la puerta iluminó la alta figura de Janto. Entonces Dolores reconoció al gerente y notó el destello del cañón de la pistola en su mano.

– ¿Cómo, don Bartolomeo? ¿Tú, cumpliendo con las obligaciones de aguacil[11] – Dijo Dolores con ironía y desprecio.

El gerente se volvió rápidamente.

– ¿Doña Dolores? ¿Estás aquí a esta hora? – Dijo Janto con visible disgusto.

– Sí, vine a hacer lo que tu propia conciencia debería obligarte a hacer: salvar a don José.

Janto se levantó de un salto.

– Lo siento, doña Dolores, pero... pero... parece que la inteligencia la está traicionando, esta vez. ¡No tengo derecho a salvar al hombre condenado por tu hermano!

– ¡Está bien! – Dijo Dolores con calma –. ¿No crees que tú mismo tienes obligaciones con este hombre, que creció bajo tus ojos, siempre fue bueno contigo y cuyo padre te mostró amor y confianza? Recuerda que todos somos mortales y que allí, en el Más Allá, encontrarás a don Fernando. ¿Qué responderás si, en el Juicio Final, te pregunta por eso?

Un terror repentino tocó el rostro fuerte del gerente. A pesar de la tenue luz, Dolores notó angustia y miedo a lo sobrenatural en su rostro. Bartolomeo evitó la mirada de la joven. Pero, reprimiendo su emoción con visible esfuerzo, respondió después de un doloroso silencio:

– Eres tan convincente que es imposible negarte. Me rindo y te ayudaré. Pero le paso toda la responsabilidad al Conde.

– ¡Por supuesto! Todo se hace en mi orden. Pero no podemos perder el tiempo.

Ciertamente el preso no se dio cuenta de su llegada, porque cuando entraron no hubo movimiento. Solo después de

---

[11] Aguacil – En el original: policía.

unos momentos, cuando sus ojos se acostumbraron a la oscuridad.

Dolores vio a José sentado cerca de la pared del fondo. Su cabello descuidado y su barba larga y enredada lo hacían casi irreconocible. Pero lo que más sorprendió a la Condesa fue la expresión de furia desesperada estampada en su rostro pálido. La ira de Dolores desapareció por completo, dando paso a una sincera lástima. ¡Todo el daño que le había hecho ya había sido vengado!

Dolores no vaciló más. Acercándose rápidamente al desafortunado, le puso una mano en el hombro y le dijo:

– ¡Don José!

Se estremeció. Al ver a Dolores inclinada sobre él, pálida, emocionada y llena de compasión, pensó que estaba alucinando.

– ¿Usted aquí? ¿También vino a deleitarte al ver mi desgracia?

– ¡No, no! Vine a salvarte – respondió ella con la voz quebrada –. Todo está listo para tu escape. ¡Apresúrate!

– Dolores, ¿me propones huir? ¿Eso significa que no quieres mi muerte?

– Quiero que vivas. ¡Vete, José, y que Dios sea nuestro juez! – Respondió Dolores, evitando la mirada dirigida hacia ella.

Pero precisamente ese gesto instintivo, el retroceder y bajar los ojos, amargó el corazón de José.

– ¡Yo entiendo! Le desagrada que un hombre, cuya conciencia reconoce como su legítimo esposo, muera aquí de esta manera vergonzosa. Y me das la vida como dádiva. Entonces, ¡no quiero tu misericordia! ¡La vida no me puede ofrecer nada más! ¡Quiero morir! ¡Mejor así, porque no me tomaré la molestia de cometer un pecado al suicidarme!

José le dio la espalda, se cruzó de brazos y se sentó en la banca. Gotas de sudor aparecieron en la frente de Dolores.

– ¡Quiero que vivas! ¡Huye, José, te lo ruego! – La voz de la joven traicionó, con picardía, las lágrimas que pronto fluirían.

Casi derrotado, José preguntó:

– Esta insistencia en salvarme es muy extraña. Me gustaría conocer las verdaderas causas que le preocupan.

– ¡Oh! ¡Me vuelves loca con tus preguntas y tu terquedad! – Exclamó Dolores, enrojeciendo de vergüenza y rabia –. ¡Entonces sepa! ¡No quiero que el padre de mi hijo tenga una muerte vergonzosa a cien pasos de él!

Por un minuto, José se quedó callado e inmóvil, como si lo hubieran golpeado. Significa que tenía algo en el mundo que le perteneció: un niño. La propia Dolores le había dicho eso. ¿Cómo nunca se le había pasado por la cabeza esa posibilidad?

– Dolores, ¿estás mintiendo? – Balbuceó al fin.

– ¿Qué propósito puede tener una mentira que tan poco me honra? – Objetó Dolores, sonrojándose de disgusto.

– ¡Está bien! ¡Ahora entiendo y me voy! Pero con una sola condición: debes mostrarme al niño.

– ¡Claro que sí! Lo haría incluso si no me lo pidieras – respondió Dolores sin dudarlo –. ¡Apresúrate! El tiempo es oro. ¡Don Bartolomeo, ayúdalo a vestirse! Te esperaré en la puerta de la cabaña.

Janto abrió el paquete de ropa. Con unas tijeras, le cortó la barba y el cabello a José, luego lo ayudó a ponerse el traje.

Dolores esperaba, sentada en la banca junto a la puerta de la cabaña. Cuando vio a José, se levantó.

– ¡Sígueme! Y tú, don Bartolomeo, tienes la bondad de traer Ereb, a mi terraza que ya mandé sellar. Por cierto, pon dos pistolas en sus fundas y amarra a la montura el maletín que Sara te dará.

Janto siguió con la mirada a los jóvenes que se marchaban rápidamente.

Con prisa, Dolores se dirigió a casa. Era necesario atravesar claros y bosques para acortar el camino y evitar los carriles, donde podía haber gente.

El corazón de José latía con fuerza cuando llegaron al frente de la terraza de su antigua casa. Entonces, ella vivía allí con una criatura pequeña e infeliz, concebida en el momento de su venganza.

Reprimiendo la tormenta dentro de él con un esfuerzo, José siguió a Dolores a su dormitorio. Cerca de la gran cama de columnas, vio una cuna cerrada con encajes que le hicieron olvidar todo. Como un loco, se tiró a la camita, donde dormía plácidamente una hermosa criatura que era su vivo retrato; exactamente una miniatura de él cuando tenía siete años.

Conmovido, sintiendo dolor y alegría al mismo tiempo, José levantó al niño y lo cubrió de apasionados besos. El niño se despertó y empezó a llorar. José trató de calmarlo, luego lo volvió a poner en su cuna y miró a Dolores con la mirada. La joven, ya sin capa, estaba apoyada contra la cama. Cerró los ojos con las manos y gruesas lágrimas corrieron por sus dedos.

El amor sincero, el arrepentimiento y la compasión por esa hermosa joven, a quien su vacilación y luego su venganza habían puesto en una situación tan terrible, se apoderó del corazón de José, quien se acercó a ella y la atrajo hacia él. La pasión, reprimida durante tanto tiempo, pasó a primer plano. Confesiones de amor mezcladas con explicaciones de sus actitudes y súplicas de perdón, como un torrente, brotaban de su alma doliente.

Dolores escuchó en silencio. Asustada, encontrándose en los brazos de José y sintiendo sus labios ardientes contra los de ella, la joven quiso apartarlo, pero un instinto sopló en su oído que en ese momento estaba aflorando el sentimiento que había estado escondido y oprimido durante tanto tiempo. por ese hombre cerrado. Comprendió que era un huracán de pasión y desesperación el que estallaba en ese abrazo fuerte y en los besos ardientes, en las palabras quebradas que susurraban a sus labios temblorosos. Una actitud severa en ese momento podría convertirse en una desgracia. Entonces, a pesar de su miedo, Dolores permaneció inmóvil, con la cabeza en el pecho de José.

Finalmente, el joven se calmó. Mientras se llevaba la mano de Dolores a los labios, dijo en voz baja:

– ¡Perdóname, Dolores, esta vehemencia mía que tanto te asustó! Pero estaba más allá de mis fuerzas irme, dejándote quizás para siempre sin decir que no solo la codicia y la crueldad conmovieron mi corazón, sino también el amor no correspondido y el orgullo herido. Ahora me castigan tan terriblemente que mi peor enemigo puede quedar satisfecho. El destino me devastó, llevándose no solo mi fortuna, sino mi libertad misma. Reducido a la miseria y la esclavitud, debo huir de mi propio hogar, abandonar a mi esposa, a mi hijo y ese refugio de felicidad y paz, donde tanto quisiera descansar mi alma y mi cuerpo enfermo y exhausto.

Extremadamente conmovido, guardó silencio. Pálida y deprimida, Dolores se le acercó.

– ¡Ahora ya no eres miserable, José! En el forro de tu traje cosí dinero que te permitirá vivir decentemente. Además, encontrarás un pasaporte y otros documentos de un caballero francés que murió de fiebre amarilla aquí en la hacienda. Sé que no tenía parientes cercanos. Recibí estos documentos de Ramiro. Si vas a Francia, puedes aprovecharlos y empezar una nueva vida. Permíteme también decir que lo siento profundamente.

Me importa la falta de previsión de don Fernando, pero no acepto la idea que debamos nuestra herencia a un robo.

Una sonrisa amarga y desdeñosa cruzó los labios de José.

– ¿De verdad crees que mi padre no se molestó en asegurar mi futuro? ¿Crees que entregaría mi cuerpo y mi alma en manos de parientes cuya generosidad conoció y que me repudiarían y torturarían en cuanto el poder estuviera en sus manos? Me robaron los documentos. Cómo y por quién, no lo sé. Pero mi padre no tiene la culpa de mi desgracia. Por cierto, ¡dejemos este tema a un lado! ¡El enjuiciamiento sin pruebas no tiene valor ahora!

José bajó la cabeza y guardó silencio. Dolores, temblorosa y emocionada, también guardó silencio. La mirada casual al reloj la hizo temblar.

– ¡Vete, José! ¡Son casi las tres! Si Ramiro regresa, ¡todo estará perdido!

– ¡No, no todo! ¡Solo yo! ¿Qué más me puedo perder? Después de esas horas que pasé aquí, la vida lejos de ti y del niño perdió todo sentido para mí. ¡Pero no tengas miedo! No quiero que se desperdicie tu magnanimidad, Dolores.

Con esas palabras, se levantó, volvió a besar al niño, lo colocó en la cuna y se arrodilló un minuto frente a ella. Luego, acercándose a Dolores, con un gesto nervioso, se llevó las manos a los labios.

– ¡Adiós, Dolores! Perdona el daño que te he causado. No me maldigas y no le enseñes al niño a despreciarme y odiarme.

Las lágrimas no lo dejaron continuar. Girándose rápidamente, se dirigió a la puerta. A unos pasos de la terraza, bajo los árboles, estaba Janto, sosteniendo las riendas de un hermoso corcel negro que golpeaba con impaciencia sus cascos.

José montó en el caballo y tomó las riendas. No quiso despedirse de Janto, ese traidor al que consideraba culpable de su deshonra y cuyos favores sin duda habían sido bien pagados. Sin dignarse mirar a Bartolomeo, José espoleó a su caballo y al cabo de un minuto se internó en la densa oscuridad de la noche.

Capítulo 12

En la espaciosa terraza que perteneció a los antiguos apartamentos de José, Dolores estaba bordando. Cada minuto, su mirada se desviaba hacia un hombre con atuendo de hacendado que ayudaba a un niño de cuatro años a hacer un jardín.

La joven había crecido y se había vuelto más hermosa. Una expresión de paz y felicidad estaba estampada en su rostro. Solo a veces sus ojos se entristecían y buscaban el rostro de Vasconcellos, que charlaba alegremente con su pequeño compañero.

— ¡Ya basta de diversión, amigo! Sara ya viene a buscarlo; es hora de tomar un baño – dijo el capitán, besando al niño.

Disgustado, el niño siguió a la criada. Vasconcellos encendió un cigarrillo y comenzó a caminar frente a la terraza. Sin detenerse a mirarlo, Dolores notó que estaba sumido en pensamientos desagradables, pues con un gesto nervioso tiró el cigarrillo y se pasó la mano por la frente, como para ahuyentar los insistentes recuerdos. Luego, subiendo rápidamente las escaleras, se sentó junto a Dolores.

— ¿Por qué estás tan callada y contemplativa, querida? – Preguntó, besando a la mujer.

– Podría hacerte la misma pregunta, Alfonso. A menudo estás silencioso, distraído y nervioso, y puedo imaginar que algo te aflige. Confiesa, ¿qué te falta?

– Nada, sospechas de cada uno de mis gestos y miradas. ¡Pero te entiendo! Quieres que repita que soy tan feliz como puede ser un mortal y solo deseo una cosa: que la Divina Providencia proteja mi felicidad.

Feliz y conmovida, Dolores apoyó la cabeza en el hombro del capitán.

Quien se ocupó de la felicidad de Dolores fue Ramiro. Un día, al regresar de su viaje a La Habana, que duró unas tres semanas, él, radiante, fue a saludar a su hermana.

– Tengo una petición que hacerte – dijo el joven Conde en medio de la conversación –. Traje a una amiga a quien le gustaría saludarla de una manera especial. Así que quiero pedirte que vengas al salón y te unas al almuerzo.

– Sabes lo desagradables que son para mí todas las personas nuevas, Ramiro.

– ¡Oh! Pero mi amigo es una buena persona; es un joven muy guapo y, quién sabe, te gustará. No puedes quedarte viuda por el resto de tu vida – observó el Conde sonriendo.

– ¡Déjame en paz! ¡Dos maridos para mí es suficiente! No me gustará nadie más – respondió Dolores con amargura.

Pero Ramiro siguió insistiendo y solo dejó de intentar convencerla cuando recibió la promesa que recibiría la visita.

Justo antes del almuerzo, Ramiro fue a buscar a Dolores. Juntos fueron a la sala de estar, que estaba vacía. El Conde lo atravesó rápidamente, abrió la puerta de la oficina de al lado y empujó a Dolores hacia adentro.

– ¡Aquí! ¡Te traje a tu novia, esposa, lo que quieras! – Gritó alegremente.

– ¡Te has vuelto loco! – Gritó Dolores, tratando de retroceder, pero no pudo hacerlo porque casi se cae en los brazos de un hombre en la oficina.

Gritó de nuevo, pero esta vez, de alegría y sorpresa, cuando reconoció a Vasconcellos. Este último, profundamente emocionado, la apretó contra su pecho. Cuando la euforia se disipó, comenzó una animada conversación.

Vasconcellos dijo que había encontrado a Ramiro en La Habana y, al saber de él que José se había ido para siempre, gracias a la generosidad de Dolores, decidió volver con ella para no separarse nunca más.

Mientras los jóvenes hablaban, Ramiro, radiante, se paseaba por la sala. Cuando entró Sara con el niño, él lo levantó, comenzó a lanzarlo por el aire, lo besó y le dio un pellizco amistoso, pero tan fuerte que el niño gritó en voz alta. Al escuchar el grito, Alfonso y Dolores corrieron hacia la sala de estar.

– ¿Qué haces con mi hijo? ¡Dámelo aquí! – Habló Vasconcellos, feliz.

– ¡Toma, toma! ¡Lo hice por el placer de verlos juntos! ¡El niño se parece tanto a ti que tu paternidad simplemente se destaca! – Respondió el Conde con una carcajada.

– ¡Eso no te incumbe! El niño es encantador. Espero poder educarlo y convertirlo en un verdadero hombre. ¡El resto es pura tontería!

A partir de ese día reinó la paz y la felicidad en la hacienda. La salud de Dolores mejoraba todos los días. Regresó a la sociedad, disfrutó de hermosas ropas e incluso parecía haber olvidado su trágico pasado.

Pero un buen día, Dolores quiso dar un paseo por el "Silfide" con Alfonso. Como si esperara subrepticiamente esa ocasión, el destino le asestó otro golpe mortal y trágicamente el barco se hundió.

Las olas llevaron a Dolores y Alfonso a la orilla.

Se las arregló para salvarse, pero su marido estaba muerto.

Capítulo 13

No hay palabras para transcribir la desolación que se apoderó de la pobre Dolores con esa nueva fatalidad. La joven Condesa regresó a la hacienda de su hermano con la firme decisión de terminar sus días en soledad.

Al enterarse de la desgracia, Ramiro fue a ver a su hermana.

Su salud inspiraba cuidados serios, ya que los infartos que comenzó a tener Dolores desde su matrimonio con Vasconcellos se volvieron tan intensos que podrían culminar en una verdadera catástrofe.

Sin embargo, el niño y la medicina de Kakhla Sarma tuvieron un efecto beneficioso en la joven. Ramiro, creyendo en su mejoría, decidió entonces viajar a España, donde le aguardaban asuntos importantes. El viaje duraría siete u ocho meses.

Después de la partida de su hermano, la vida de Dolores se volvió monótona y pacífica. No salió a ninguna parte ni recibió visitas. Solo Sara y el viejo hindú la rodearon de amor y cuidado.

Al mirar al niño, Dolores solía pensar en José: ¿dónde estaría? ¿Cómo estaría? Nunca había vuelto a dar señales de vida. ¿Había muerto o se había independizado? Siendo joven y guapo, con una educación brillante, ¿habría tenido la oportunidad de una nueva vida familiar con una mujer amada?

¿O seguiría ligado a Cuba por lazos inquebrantables y vagaría por el mundo, atormentándose con recuerdos dolorosos?

Influenciada por esos pensamientos, Dolores comenzó a contarle al niño sobre el padre que estaba lejos, separado de ellos por razones importantes, y obligó a su hijo a orar por él mañana y noche.

El niño se sorprendió mucho al enterarse que tenía un padre más que nunca había conocido, además de papá Alfonso que supo jugar tan bien con él y al que nunca olvidó.

Algún tiempo después que Ramiro se fuera, el viejo Kakhla Sarma falleció. Dolores lo cuidó hasta el final con el altruismo de una hija.

La vida de la Condesa de Mornos en la hacienda tras la muerte del hindú se tornó aun más triste y aislada, ya que hasta la leal Sara tuvo que dejarla para cuidar a su esposo, quien durante un viaje a La Habana había contraído fiebre amarilla y su vida estaba en peligro.

Pero Scipión no tuvo la suerte de recuperarse. Sintiendo la proximidad de la muerte, expresó el deseo de hablar con Dolores. Fue entonces cuando el siniestro secreto se abrió ante la joven viuda. Scipión le dijo que, por orden de Bartolomeo, había robado y destruido el testamento del viejo Martínez, privando así a don José del derecho a la herencia. Entre los papeles también había un certificado de matrimonio entre su empleador y la madre de José, quien también contó sobre la participación de Ramiro en el crimen.

Dolores escuchó sin interrumpirlo y una enorme vergüenza, pavor y desesperación sellaron sus labios.

– ¡Dios mío! – Tartamudeó finalmente, con las manos en la cabeza –. ¡Qué crimen tan horrible! ¡José tenía razón! ¡Le robaron todo, todo! ¡Y todavía lo rechacé y lo envié fuera de su propia casa!

Sara también estaba molesta. Sentándose en el suelo, gimió y se arrancó el cabello avergonzada. Entonces Dolores lo levantó.

– ¡Adiós, Scipión! Ora y que Dios te perdone por este terrible crimen. No puedo juzgarte, porque fuiste impulsado a esta mala actitud por mi amor. ¡Pero, todos los días le rogaré al Creador que me ayude a corregir el daño que causaste!

La joven regresó a su habitación en un estado terrible, sintiendo vergüenza, rabia y desesperación que la asfixiaban al pensar que sin saberlo había sido cómplice de esa actitud deshonrosa con la que se había manchado Ramiro, el orgulloso Conde de Mornos. ¡Sí, eran ladrones! Sin el más mínimo derecho condenaron a José a la miseria y la humillación, lo expulsaron y lo persiguieron como a una fiera, mientras disfrutaron de su fortuna. Incluso ella había usado ese oro robado para construir el espléndido mausoleo de Vasconcellos. Finalmente, copiosas lágrimas lograron calmarla un poco.

A partir de ese momento, el hermano que tanto amaba se había vuelto casi odioso para ella.

Poco después, también encontró la confirmación de ese crimen. Al revisar la biblioteca, Dolores descubrió, detrás de los libros, un cajón secreto. En él había un paquete sellado que contenía copias certificadas de los documentos que Scipión había destruido.

Ese hallazgo, por increíble que pareciera, tranquilizó a Dolores. Entonces decidió buscar a José y entregarle los documentos. Por supuesto, la venganza de José cubriría de vergüenza el nombre de los Mornos, pero Dolores no podía hacer otra cosa.

En secreto, empezó a buscar información sobre él. Envió cartas a todas partes, dirigiéndose al nuevo nombre que había adoptado José. También lo buscó por toda la isla, pero en vano. No hubo respuesta y no pudo encontrar la más mínima pista sobre el fugitivo. Era como si lo hubieran tragado la tierra.

Pasaron algunos meses. Dolores se estaba desvaneciendo rápidamente; su final no estaba lejos. De repente declaró que la vida en la hacienda era insoportable, que los recuerdos del pasado la deprimían y que quería alquilar una villa en otra parte de la isla.

Pero la verdadera causa de esa decisión fue el esperado regreso de Ramiro. No quería encontrar a su hermano. Pensó que el Conde podía leer en su rostro que tenía documentos peligrosos que podrían arruinarlo y deshonrarlo. Además, pensó que los documentos estarían a salvo lejos de su hermano.

La casa a la que se mudó Dolores estaba en medio de un jardín. El verde exuberante y el profundo silencio complacieron a la joven, pero su fuerza se desvanecía cada vez más rápido. Ya no podía caminar e incluso la luz la cansaba. Por debilidad, tenía somnolencia que a veces se parecía a un desmayo. Angustiada y al mismo tiempo contenta, sintió la proximidad de la muerte. Entonces llegó el momento en que expresó su deseo de confesarse y recibir los últimos ritos.

Al enterarse de dónde estaba la iglesia más cercana, Dolores se enteró que no muy lejos de su casa había un monasterio dominico. Decidió escribirle al prior pidiéndole que le enviara un confesor, pero quería que fuera un hombre inteligente, capaz de aclarar cuestiones complicadas de su conciencia y calmar sus sufrimientos espirituales. Y luego envió la carta a través de un mensajero.

Dolores dormitaba en el sillón, cuando el criado levantó la cortina y anunció:

– Señora, el padre Fernando ha llegado del monasterio de San Doménico.

La joven abrió los ojos y tartamudeó con voz cansada:

– ¡Pídale que entre!

Aunque el tocador estaba oscuro, detrás del sirviente vio la figura alta y esbelta del monje vestido de blanco.

Mientras Dolores buscaba el cordón para levantar la cortina, el monje se le acercó y le hizo una reverencia:

– Desea recibir el consejo de un sacerdote. ¿Cómo puedo ayudarte? preguntó.

Al escuchar esa voz metálica y sonora, que podía reconocer entre miles más, a pesar que el timbre era ahora más bajo y más suave, se levantó abruptamente.

– ¡José! – exclamó, desmayándose entonces, tal emoción que la sorprendió.

Durante algún tiempo, el monje se quedó quieto. Luego corrió hacia la ventana y abrió la cortina.

– ¡Dolores! ¡Dolores! – Repitió mientras se inclinaba sobre la joven, que estaba arrodillada junto al sillón.

Él miró su rostro increíblemente cambiado. Era transparente, como una máscara de cera y ya estaba marcado por la cercanía de la muerte.

José la levantó y, cubriéndola de besos, trató de acercarla a él, dándole a oler sales que estaban cerca, en una mesa.

En ese momento, un grito a sus espaldas le hizo volver la cabeza: era Sara.

– ¡Rápido, Sara! ¡Ayúdame!

En lugar de obedecer, la criada, temblando por todos lados, se agachó, repitiendo una y otra vez:

– ¡Señor Jesucristo! ¡Dios mío! ¡El monje es don José!

Después de solo unos minutos, pudo ayudar a su antiguo jefe. Gracias a sus esfuerzos, Dolores recuperó los sentidos.

– José, ¿te hiciste monje? ¡Y Dios te envía de inmediato como confesor! ¡Qué increíble y extraña oportunidad! – Tartamudeó.

– ¡Y yo, Dolores, pensé que habías muerto! Se enteró que te habías ahogado junto con la tripulación de "Silfide."

Dolores miró hacia arriba. Estaba sorprendida de cómo le había llegado la noticia, pero estaba demasiado emocionada para hacerle preguntas.

José acercó un taburete al sillón de Dolores. Luego, tomando su mano, dijo vacilante:

– Me gustaría hablarte de varias cosas y también hacerte una solicitud...

– También necesito hablarte de asuntos importantes, pero hoy estoy demasiado cansado para eso.

– ¿De negocios? ¿Conmigo, un monje? – dijo José con una leve sonrisa –. En cualquier caso, no debería ser urgente, y espero, querida Dolores, que me dejes quedar a tu lado hasta...

– Hasta mi muerte – interrumpió la niña.

– ¡No! Hasta que te sientas mejor. Estás sin ninguno de tus parientes alrededor; mientras pasé tanto tiempo lejos de ti y del niño. Me gustaría quedarme aquí. El resto está en manos de Dios.

– Quédate, José, si tu nuevo puesto te lo permite. Pero no tendrás que quedarte aquí por mucho tiempo.

– Le escribiré al prior. Él conoce mi pasado y estoy seguro que no rechazará mi solicitud.

Por la noche, cuando el niño dormía, José se sentaba a la cabecera de la cama de Dolores. Decidió quedarse de guardia parte de la noche, dándole la medicación prescrita por el médico. La joven ni siquiera los tocó, aunque entre ellos había un narcótico fuerte, prescrito para el insomnio. Más que nunca, Dolores no quería dormir. La dolorosa conversación que tendría con su primo la puso nerviosa. Una voz maliciosa incluso empezó a susurrar que como José se había hecho monje y no podía disfrutar de su fortuna, no tenía sentido abrirle el vergonzoso secreto, que solo deshonraría a Ramiro sin aportarle ninguna ventaja a José.

Pero Dolores superó rápidamente esa tentación y simplemente dejó la conversación para el día siguiente. Para disipar sus pensamientos desagradables, de repente le preguntó a José:

– Dime, ¿cómo fue que ingresaste al monasterio? – Al escuchar esa pregunta inesperada, José, que estaba tan...

Suspirando, se estremeció y su rostro pálido enrojeció.

– Me hice monje hace menos de un año. En cuanto a las razones que me llevaron a adoptar el hábito, creo que son fáciles de entender.

– ¡Ni un poco! La capital y el nuevo nombre que tenía cuando nos despedimos te dieron todas las posibilidades de viajar a Europa, vivir decentemente y casarte. Cuando te busqué por todas partes, pensé que eso era lo que habías hecho.

– ¿Me has estado buscando por todas partes? ¿Para qué? – Preguntó José, muy sorprendido.

– Para ocuparme del negocio del que quiero hablarte. Pero, es una pregunta demasiado seria para tocarla hoy – respondió Dolores, enrojeciendo.

Al día siguiente, por la tarde, Dolores, que parecía estar dormitando en su sillón, dijo de repente:

– Por favor, toma esa caja con incrustaciones que está en mi mesita de noche.

José, sorprendido por la inquietud nerviosa de la joven, se levantó y fue a buscar lo que le habían pedido.

– ¡Ábrelo por favor! – continuó Dolores, entregándole la llave que colgaba de su cuello –. En ese pequeño sobre de la izquierda, atado con una cinta negra, está mi último deseo. Quiero que se lo des a Ramiro. El grande te pertenece. ¡Ábrelo y léelo!

El joven sacerdote abrió el voluminoso paquete. Mientras recorría con la mirada los pergaminos estampados, una palidez mórbida cubría su rostro. Sin aliento, se reclinó en su silla. Tenía todos sus documentos en sus manos. La recuperación de los derechos civiles llegó tarde, cuando ya se había convertido en monje.

– ¿Cómo cayeron estos papeles en tus manos, Dolores? – Tartamudeó al fin, llevándose la mano al pecho, que parecía estar bajo el peso de una piedra.

– Contarle toda la historia llevaría demasiado tiempo. Lo principal es que estos documentos te devuelven todos los derechos que habías perdido.

– ¿Y me las estás devolviendo, Dolores? ¿Ramiro sabe de esto?

– ¡No! – Respondió la Condesa en voz baja.

Un rubor apareció en sus mejillas y trató de evitar la mirada del joven sacerdote.

– ¡Oh! ¡Entiendo! Este bandido que me las robó con la ayuda de Bartolomeo seguramente te las quitaría. ¡Pero espera! La hora de la venganza no tardará. ¡Con esta evidencia en la mano, presentaré una demanda contra ellos y no tendré paz hasta que sean enviados a las galeras como ladrones! – Gritó.

Temblando de furia, José se puso de pie. Sus ojos llamearon y su puño cerrado pareció amenazar a los culpables. Pero en ese momento una mano pequeña y cálida se posó sobre la suya y una voz temblorosa balbuceó:

– José, ¿mi alma, liberándose del cuerpo, tendrá que arrepentirse por haberte dado esta terrible arma contra mi hermano?

El joven sacerdote se estremeció y su ira se apagó. Se encontró con los ojos llenos de lágrimas de Dolores con una expresión indescriptible.

– Sé – continuó –, que puedes presentar un caso contra ellos, que puedes vengarte y tapar el nombre de los Mornos con deshonra. Pero no olvides que fue el destino lo que me hizo poner esta terrible arma en tus manos. Recuerda: fue Dios quien te vistió con el hábito para calmar tu alma.

– ¿Por qué me diste estos papeles en lugar de esconderlos o destruirlos, Dolores?

– ¡Porque no quería morir como cómplice de un robo! Te lo ruego una vez más, José, ¡no te vengues de mis hermanos!

Una increíble lucha interna se reflejó en el expresivo rostro del monje. Luego se inclinó y presionó las manos de Dolores contra sus labios.

– Juro con esta santa cruz – miró la cruz que tenía en el pecho – que no me vengaré de Ramiro y arreglaré el asunto con él según tu deseo y tus indicaciones. ¿Es esa promesa suficiente para ti?

Una sonrisa de alegría y reconocimiento iluminó el rostro de Dolores. Ella solo dijo "¡Gracias!" Pero la mirada y el tono con que lo dijo recompensaron el sacrificio de José.

Así que se sentó a su lado en el sofá y por primera vez entre los dos comenzó una conversación realmente franca y amistosa.

– Dime, querida, ¿qué quieres que haga? Como monje, no puedo usar mi estado recuperado para mí personalmente.

– ¿Por qué no? – Observó Dolores –. Eres joven y volverás a recibir tu fortuna y tu posición social. Tu vida puede volver a ser maravillosa. Digamos que no puedes reparar el pasado y mi muerte no cambiará mucho. Pero otra mujer, hermosa y que te quiera, puede hacerte olvidar todas las desgracias y decepciones que has sufrido hasta ahora.

– ¡Nunca! – Objetó José fervientemente –. Solo si Dios te devuelve la salud seré libre, incluso a costa de renunciar al hábito. En algún lugar de Europa, donde quieras, comenzaremos una nueva vida. Pero si Dios no te perdona por mí, seguiré siendo un monje. En cualquier caso, tendré que arreglar el asunto con tus hermanos y te prometo de nuevo que tus deseos son sagrados para mí.

Dolores sonrió con tristeza.

– ¡Mi pobre José! No te dejes engañar por esperanzas fugaces. Permíteme, una vez más, desde el fondo de mi corazón, darte las gracias por todo lo que sacrificaste por mí. Lo que me gustaría que hicieras cuando ya no esté aquí es que primero obligues a Ramiro a legar todo a Alfonso, aunque se case. Debes pasarle todo a tu hijo, menos las tierras de España y lo que tú mismo te gustaría dejar a mis hermanos Felipe y Manuel.

Además, quiero que participes en la educación de nuestro hijo. Para ello, deberá pasar cada seis meses en su compañía. Pero como el niño se llama Vasconcellos, realmente no sé cómo formalizar todo esto. Creo que será mejor que Ramiro sea el tutor del chico. Puedes hacer esto sin ningún miedo. Ramiro cometió un pecado. Fue la miseria y la desesperación lo que lo llevó a errar. Pero sé en mi memoria que cumplirá su promesa.

Además de este tema principal, también me gustaría que Sara recibiera una buena pensión hasta el final de sus días. Y los esclavos mencionados en esa lista, que sean liberados. También lego ciertas sumas de dinero a algunas iglesias y monasterios para recordarme en la oración.

Dolores estaba visiblemente cansada y guardó silencio. Poco después, se quedó dormida. Mientras dormía, José le hizo preguntas a Sara y se enteró en detalle de la confesión de Scipión, cuando el joven descubrió que a Janto, por su traición, le habían pagado medio millón, toda su ira se concentró en ese ingrato sirviente.

Pasaron quince días. A pesar del empeoramiento de Dolores, José se sintió feliz con ella y con el niño. Como un náufrago se aferra a lo primero que ve, así se aferra a esa vida que se desvanece, viendo en su rostro pálido la progresión de la enfermedad. Mostró fe en su recuperación y siempre habló sobre sus planes para el futuro. Dolores sonrió, accedió a todo y respondió con ternura a todos los pequeños favores con los que José la rodeaba. Vio la desesperación y, a veces, la terrible nostalgia en sus ojos.

El prior llegó del monasterio para los últimos ritos. Luego propuso a los cónyuges que hicieran las paces y se perdonaran los errores del otro. El momento solemne los conmovió a ambos y la reconciliación fue completa.

Tres días después del ritual, Dolores falleció. Es difícil describir la desesperación de José, y aunque estaba preparado para ese desafortunado resultado, sintió que no tendría la fuerza para soportarlo. Cuando fracasaron todos los esfuerzos por devolverla a la vida y ya no había duda que la muerte se había apoderado de su presa, el joven se refugió en el monasterio.

José pasó la noche sin dormir. Por la mañana fue a ver al prior y tuvo una conversación secreta con él. Posteriormente se despidió de su cofradía por unas semanas, pues quería acompañar el cuerpo de Dolores, presenciar el entierro y zanjar sus asuntos pendientes.

Capítulo 14

La noticia de la muerte de Dolores, aunque anunciada, conmovió terriblemente a los hermanos de Mornos, y entre los esclavos causó un dolor profundo y sentido.

Hacía días en que Ramiro había regresado de Europa. Tenía la intención de visitar a su hermana cuando llegaron las noticias del funeral y el anuncio que Sara llevaría el cuerpo de Dolores a la hacienda.

Cuando el mensajero anunció que la triste procesión había entrado en tierras de la familia de Mornos, todos los habitantes de la hacienda fueron a recibirlos.

El último paso de Dolores por las tierras donde solo había sembrado bien demostró claramente que todos la amaban y lamentaban su triste final. Los caminos estaban llenos de esclavos. Cuando falleció su benefactora, arrojaron flores y, entre lágrimas, se arrodillaron. El llanto de las mujeres se escuchó por todas partes y afectó los nervios ya agitados de José, quien encabezó la procesión con dos monjes que habían llegado con él desde el monasterio.

José anduvo todo el camino, cargando una cruz grande y pesada en la espalda. Estaba oscuro y silencioso, absorto en sus pensamientos. Uno puede imaginar el tormento del infortunado joven cuando puso un pie en su propia tierra. Pero ahora regresó como monje, acompañando los restos de quien pudo haber vivido allí con él como su amada. ¿Cómo pudieron haber sido felices con todo ese orgullo y crueldad en sus corazones? ¡Pero con amor y bondad, podría haber recuperado el corazón de Dolores! Si hubiera ayudado a los Mornos sin humillarlos, es posible que Ramiro nunca hubiera tenido la terrible idea de acabar con él.

A dos millas de la casa, se reunieron las procesiones. Los Mornos, con lágrimas en los ojos, se arrodillaron. Luego, al acercarse al coche fúnebre, tomaron el féretro y lo llevaron en sus brazos al gran salón, donde ya estaba preparado el catafalco. Durante todo el día, esclavos y hacendados vecinos vinieron a ver a la difunta por última vez y se despidieron de ella.

La figura del misterioso monje, que caminaba frente al féretro con la cruz en brazos y que había pasado todo el día arrodillado en el último escalón del catafalco, provocó la curiosidad de Ramiro. Janto sintió un malestar desagradable. Una extraña sensación lo impulsó a mirar al monje, cuyos rasgos estaban ocultos por la capucha.

La curiosidad de Ramiro, en cambio, fue borrada por el cansancio y las preocupaciones del día. Pero se convirtió en inquietud cuando, por la noche, fue a besar al pequeño Alfonso, que estaba a punto de dormir. El niño comenzó a contarle sobre "papá José" y le preguntó qué estaba haciendo.

— Estás diciendo tonterías, Alfonso. Tu padre murió. Solo me tienes a mí. Reemplazo a tu padre – respondió el Conde, besando al niño.

— ¡Entonces, eres el tercero! El monje es mi papá José: la propia madre me lo dijo antes de morir.

El Conde se levantó y frunció el ceño. No tuvo tiempo de pensar demasiado en las extrañas palabras del niño, ya que la llegada de varias familias hacendadas y todo tipo de preparativos requerían su presencia. Sin embargo, también comenzó a mirar con sospecha y preocupación la alta figura del monje, cerrada por la capucha. Este último parecía estar totalmente entregado a la oración y a sus pensamientos, y a cualquier pregunta que respondía con solo un movimiento de cabeza.

A la medianoche, el ataúd de Dolores fue trasladado a la tumba familiar y colocado entre los ataúdes de su padre y don Fernando. Ramiro notó que el monje se acercó al último y lo miró fijamente durante un buen rato. La inquietud que intentaba ahuyentar se apoderó del corazón del joven Conde.

Cuando terminó el ritual del entierro y todos se fueron, el monje se acercó a Ramiro y le pidió permiso para hablar con él sin la presencia de extraños.

– ¿Quieres hablar conmigo ahora o, como ya es tarde, dejamos esta conversación para mañana? preguntó el Conde, refrenado.

– ¡Quiero hablar contigo ahora mismo! Además, me gustaría que el Sr. Janto fuera testigo de nuestra conversación.

– En ese caso, haré que lo lleven a mi gabinete. En un minuto estaré a tu servicio.

Unos minutos después, el criado llevó a José al estudio, el que había pertenecido primero a su padre, luego a don Pedro, y ahora al servicio de Ramiro. La gran sala estaba vacía. Dos candelabros sobre el escritorio lo iluminaban. Cuando entró el joven monje, su corazón, lleno de recuerdos, latía con fuerza. Aquí estaban los mismos cajones donde había buscado los documentos robados; don Pedro le dio un golpe en esa consola dorada cuando dijo, midiéndolo con mirada gélida: *"En cuanto al hijo del esclavo no manumitido, será esclavo como los demás. Que se vuelva a poner en el lugar que nunca debió haber tenido."*

Un escalofrío recorrió el cuerpo de José al recordar ese momento y todo lo que había sucedido después. ¡Oh! ¡Cómo odiaba a los Mornos, verdugos de su vida, y qué difícil era cumplir la promesa que le hizo a Dolores!

Respirando con dificultad, el joven se volvió y su mirada recorrió los retratos de la pared. Salvo los retratos de su padre, don Pedro y su esposa, la mayoría le eran desconocidos. De repente se estremeció y rápidamente se acercó a la pared. Al fondo de la sala había un cuadro enorme que representaba a Dolores y Vasconcellos. Se hizo después de su reunión. Sonriendo y felices, se estaban abrazando. Unos celos fuertes y amargos atravesaron el corazón de José, tan absorto en la contemplación del retrato que no oyó entrar a Ramiro, acompañado de Janto, pálido y agitado.

– ¡Estamos aquí! Por favor, siéntese y explíquenos lo que quiere – dijo el Conde, sentándose frente al "bureau" y señalando su silla a su interlocutor.

Este último, con un gesto, se negó a sentarse y se quitó la capucha.

– ¡José! – Exclamó Ramiro, saltando de su silla. ¡¿Tú aquí?!

– ¡Sí, yo mismo! Esta vez mi ropa fue suficiente para protegerme de su ira. Pero tengo otra arma, más eficiente. Vine aquí, Conde de Mornos, para saldar nuestras cuentas, ¡y vine como dueño!

– ¡¿Como propietario?! ¿Encontraste el testamento de tu padre? – Preguntó Ramiro irónicamente.

– ¡Exactamente! Y no solo el testamento, sino todos los demás papeles que fueron robados y destruidos por Scipión, ¡y a quien el señor Janto había recibido una recompensa digna de un rey!

Bartolomeo lanzó un grito ahogado. Sin darse cuenta, el monje continuó:

— ¡Atrévanse a negar el crimen, miserables! ¡Especialmente tú, Ramiro! No estabas contento con robarme, ¡me destrozaste el corazón! Me lo quitó todo, ¡incluida la mujer que me dio la Iglesia! Sin tus intrigas, nunca me habría rechazado, ¡nunca habría aceptado un matrimonio sacrílego con Vasconcellos! ¡Oh! ¡Cómo te odio!

De repente, agarró la pistola que estaba encima del bureau y apuntó a Ramiro. Éste ni siquiera se movió. Miraba el cañón de la pistola, sombrío y orgulloso. De hecho, en ese momento, el Conde no valoraba su vida. El crimen descubierto y las consecuencias que podría traer se volvieron odiosas. Pero, José desvió su arma.

— ¡Lacayo ingrato! ¡Víbora que me vendiste! ¡Muere como un perro! – Exclamó José, su voz ronca y silbante.

Bartolomeo quiso alejarse, pero el arma se disparó y el gerente cayó al suelo con el cráneo destrozado. El Conde, pálido, se dejó caer en el sillón.

— ¡¿Qué hiciste, José?!

— ¡Justicia! Si el difunto no fuera tu protector, la segunda bala la enviaría en tu cabeza traicionera y estarías en el suelo junto con este bastardo, ¡porque me lastimaste más que él! Sin ti, ella no se casaría con Vasconcellos y no moriría de dolor tras el naufragio; sin ti no sería monje y nos habríamos reconciliado.

— ¡Te equivocas, José de Martínez! Tú fuiste quien sembró la muerte, quien terminó matando a Dolores al permitir que la envenenaran, obligándola a atentar contra tu vida y, en última instancia, ¡deshonrándola! ¡Esta ingeniosa venganza fue la causa de nueve meses de locura y provocó en ella los primeros ataques de la enfermedad incurable!

– ¡Oh! ¡No niego mi culpa! Pero, por otro lado, ¡yo también sufrí! ¡Y como! ¿Hay un sentimiento humano en el mundo del que no ridiculizas y pisas, Ramiro? ¡¿Qué les he hecho a todos?! Ustedes fueron los que pidieron ayuda, y cuando mi padre les dio todo el dinero, empezaron a odiarme y despreciarme. ¿Qué me puedes dar ahora a cambio de mi vida destruida?

Ramiro bajó la cabeza.

– Si amaras a Dolores, todo sería diferente.

– ¡Oh! ¡La amaba tanto! Solo el orgullo me impidió expresar este sentimiento, consciente que ella no correspondía.

Por cierto, esto solo me concierne a mí y a la difunta. Solo sé que nos reconciliamos y solo gracias a ella te perdoné. ¡Lee esto! Con esas palabras José le entregó al Conde la carta de Dolores. Contenía el relato detallado de la confesión de Scipión, la visión que tuvo don Fernando y los documentos encontrados.

– Fue Dolores quien me traicionó – tartamudeó Ramiro sorprendido. Pero no se quedó perplejo por mucho tiempo. Su mente flexible y orgulloso, pronto logró recuperarse, y los jóvenes, sin aparente hostilidad, discutieron los términos del acuerdo. Luego se separaron. Ramiro ordenó que el cuerpo de Bartolomeo fuera llevado en secreto y enterrado en el cementerio de esclavos.

José pasó tres días en la hacienda. Silencioso y sombrío, visitó los lugares sagrados a su memoria. Durante horas enteras rezó y lloró en los ataúdes de su padre y Dolores, o se encerró en la casa de la isla. También visitó la aldea de esclavos y meditó en la choza, donde pasó los meses más terribles de su vida de esclavo.

La cuerda que colgaba del techo le recordó a Gilda. Luego, un desagradable escalofrío recorrió su cuerpo. ¿No había matado a la perra en esa fatídica noche de la boda de Dolores? Por supuesto que se lo merecía, pero de todos modos sería un asesinato.

Con el corazón apesadumbrado, regresó a casa, llamó a Sara y comenzó a preguntarle sobre el destino de su ex supervisora. La sirvienta vaciló, pero luego, se movió, le dijo que Gilda trabajaba en la cortadora de caña de azúcar y había perdido un brazo. La dejaron sola, dándole la comida y la ropa necesarias. Pero en lugar de vivir en paz y hacer que se olviden de ella, la mulata, dando rienda suelta a su enfado, comenzó a ofender a sus patrones y a difamarlos. Cada vez más atrevida, terminó diciéndole que Ramiro había robado el testamento de don Fernando y le había pagado una enorme suma a Bartolomeo por su ayuda en ese crimen.

El Conde y Janto se enfurecieron cuando escucharon esas escandalosas palabras. Luego fueron a la casa de Gilda y le quemaron la lengua con ácido. A partir de entonces, muda y mutilada, olvidada por todos, llevó una vida miserable en su choza.

José, en silencio, escuchó la narración con horror. Sin hacer ninguna observación, regresó al pueblo y envió al primer esclavo que encontró para que lo llevara a la cabaña de Gilda. Este último obedeció con temor y se apresuró a seguir. La noticia del regreso del antiguo dueño ya se había extendido entre los esclavos y la siniestra y silenciosa figura del monje provocó en ellos miedo e inquietud. Cuando se le abrió la puerta de la choza, que estaba aislada en el borde del pueblo, José vio en un montón de paja una criatura sucia y desfigurada, terriblemente fea. Al ver al monje, se removió entre los trastos y volvió la mirada hacia el visitante. De repente, levantó el muñón del brazo y emitió un aullido, mientras una expresión de alegría y esperanza iluminaba su pálido rostro. A pesar de su hábito y su rostro cambiado, la mulata reconoció a su ex amante. Pero José no lo notó. Un pavor y un disgusto enormes lo dejaron desparramado. Dándose la vuelta rápidamente se fue caminando avergonzado desde la cabaña a grandes zancadas.

Durante el almuerzo, Ramiro, que ya había recuperado su seguridad y su espíritu sarcástico, le preguntó de repente:

– ¿Qué pasa, primo? ¿Encontraste a tu vieja esposa? Quizás quieras volver con ella. Desde el momento de su separación, Gilda adquirió una cualidad preciosa para esposa o amante: se quedó muda.

– El hábito que llevo debería salvarme de chistes malos como ese, primo Ramiro. Debo decir que la forma en que Gilda se quedó muda fue realmente vergonzosa.

– ¿Es verdad? ¿Quieres decir que crees que es perdonable de su parte envenenar a Dolores con la esperanza que su amante condescendiente la libere de cualquier responsabilidad?

Preguntó Ramiro, dándole una mirada cáustica.

José inclinó la cabeza y no dijo nada. En ese momento, se preguntó qué tipo de ceguera había tenido cuando dejó que esa repugnante criatura quedara impune, permitiendo que Dolores arriesgara su vida con cada bocado de pan.

Al día siguiente, José regresó al monasterio.

Unos días después, cuando regresó a la hacienda, José pidió que le trajeran a su hijo, ya que quería estar cerca de él y educarlo él mismo. El niño era el único consuelo del monje en su vida de ermitaño ascético. ¡Pero qué vergüenza...! Dios no le dejó esa felicidad. Desafortunadamente, el pequeño Alfonso contrajo escarlatina y terminó muriendo en los brazos de José.

Incapaz de separarse de la pequeña tumba donde yacían los restos de su felicidad, el monje completamente desolado se instaló en una cueva cercana. Se sentía disgustado con todo y solo ansiaba la soledad. Ni siquiera podía rezar, como todos pensaban. Simplemente vivió la amargura de los recuerdos de toda una existencia desperdiciada por el orgullo y la ambición y el arrepentimiento por haber hecho sufrir a las criaturas que más amaba.

En esa vida aislada y monótona, José acabó perdiendo la noción del tiempo y envejeciendo poco a poco. Sus brazos se secaron; el cabello, todavía espeso, se volvió blanco como la nieve. Pero, se mantuvo vivo. Parecía que su cuerpo estaba hecho de acero y, a veces, se preguntaba amargamente si no lo habían olvidado en la otra vida.

En las noches oscuras, dirigía su mirada perdida hacia el océano, cubierto de niebla, esperando que apareciera la sombra de alguien que le dijera: "Ha llegado el fin de tu vida."

Pero un día las fuerzas empezaron a abandonarlo. Se sintió tan débil y enfermo que tuvo que tumbarse en la cueva. Y una noche, sintió una inquietud increíble. Su corazón dolía con cada latido. Entonces, de repente, vio el océano brillando intensamente con una luz azulada. Sobre olas fosforescentes, un barco volador hidroavión transparente se balanceaba suavemente, elevándose poco a poco hasta alcanzar la altura de las rocas. Estaba lleno de gente que conocía bien. Reconoció en él al pequeño Alfonso y Dolores, a su padre, Ramiro, Bartolomeo y Vasconcellos; todos los personajes del gran drama de tu vida. Algunos estaban tranquilos y brillaban en auras luminosas; otros, inquietos, se vieron envueltos en una niebla oscura. La desesperación y la vergüenza se reflejaban en sus rostros. Todos esos espíritus conocidos lo llamaron con gestos y voces:

– ¡Vamos, José! ¡La prueba de la vida ha terminado! Ven y toma tu lugar en este bote ligero, cargado con el terrible peso de la crueldad, el orgullo, la venganza y las bajas pasiones que atormentan el alma humana. ¡Ha llegado el día del Juicio Final! Ante el altar del Juez Supremo, tendremos que dar cuenta de nuestros pensamientos y acciones.

ROCHESTER

Libros de Vera Kryzhanovskaia y J.W. Rochester

La Pulsera de Cleopatra

La Venganza del Judío

La Monja de los Casamientos

La Hija del Hechicero

La Flor del Pantano

La Ira Divina

La Leyenda del Castillo de Montignoso

La Muerte del Planeta

La Noche de San Bartolomé

La Venganza del Judío

Bienaventurados los pobres de espíritu

Cobra Capela

Dolores

Trilogía del Reino de las Sombras

De los Cielos a la Tierra

Episodios de la Vida de Tiberius

Hechizo Infernal

Herculanum

En la Frontera

Naema, la Bruja

En el Castillo de Escocia (Trilogia 2)

Nueva Era

El Elixir de la larga vida

El Faraón Mernephtah

Los Legisladores

Los Magos

El Terrible Fantasma

El Paraíso sin Adan

Romance de una Reina

Ustedes son Dioses

Libros de Elisa Masselli

Siempre existe una razón

Nada queda sin respuesta

La vida está hecha de decisiones

La Misión de cada uno

Es necesario algo más

El Pasado no importa

El Destino en sus manos

Dios estaba con él

Cuando el pasado no pasa

Apenas comenzando

Grandes Éxitos de Zibia Gasparetto

Con más de 20 millones de títulos vendidos, la autora ha contribuido para el fortalecimiento de la literatura espiritualista en el mercado editorial y para la popularización de la espiritualidad. Conozca más éxitos de la escritora.

Romances Dictados por el Espíritu Lucius

La Fuerza de la Vida

La Verdad de cada uno

La vida sabe lo que hace

Ella confió en la vida

Entre el Amor y la Guerra

Esmeralda

Espinas del Tiempo

Lazos Eternos

Nada es por Casualidad

Nadie es de Nadie

El Abogado de Dios

El Mañana a Dios pertenece

El Amor Venció

Encuentro Inesperado

Al borde del destino

El Astuto

El Morro de las Ilusiones

¿Dónde está Teresa?

Por las puertas del Corazón

Cuando la Vida escoge

Cuando llega la Hora

Cuando es necesario volver

Abriéndose para la Vida

Sin miedo de vivir

Solo el amor lo consigue

Todos Somos Inocentes

Todo tiene su precio

Todo valió la pena

Un amor de verdad

Venciendo el pasado

Libros de Vera Lúcia Marinzeck de Carvalho y Patricia

Violetas en la Ventana

Viviendo en el Mundo de los Espíritus

La Casa del Escritor

El Vuelo de la Gaviota

Vera Lúcia Marinzeck de Carvalho y Antônio Carlos

Amad a los Enemigos

Esclavo Bernardino

la Roca de los Amantes

Rosa, la tercera víctima fatal

Cautivos y Libertos

9 798215 511350